絵を描くことに恋をして

河野ルル
Lulu Kouno

桜山社
SAKURAYAMA SHA

アートフェア「UNKNOWN ASIA ART EXCHANGE OSAKA 2017」で日本人初のグランプリを獲得。出展した虫の絵や花の絵などが多くの人の目にとまった。このときの気持ちは「信じられない！」

メキシコの壁画たち（2015 年）
右上：初めてキッチンに描いた壁画
左上：宿の受付に町の地図を描く
左下：テラスに描いたサボテンの壁画

マレーシアのクアラルンプールで個展とワークショップ開催（2017 年）

上：大阪のダイビルで行われた展示「UNKNOWN ASIA ART EXCHANGE EXTRA 2017」
中・下：「第37回大阪国際女子マラソン」（2018年）のメインビジュアルに起用された

上：台湾の斗六市で壁画を制作中
(2018年)。まずは下書き
中：ネコの顔からスタート
下：スタートから２日目

右上：壁画のオープニングパーティー。「ちょっと照れるなあ」
左上：壁画を見にきてくれた皆さんと
左下：台湾での記念すべき壁画の第１号！

「ピンクのゾウ」

「ライオンのおやこ」

「サボテン」

絵を描くことに恋をして

河野ルル

TEQUILA

はじめに

旅行をしていると、とんでもない強者たちにたくさん出会います。

オンボロの原付きで東南アジアを旅しているASIA LOVEなフランス人。徴兵期間がやっと終わって旅に出た、戦闘機のパイロットだったイスラエルの女の子。売れっ子ジャズピアニストを辞めて、無期限の旅に出たイタリア人。インドの民族刺繍が好きになって、インドで刺繍を習いながら生活している日本人の女の人。テントに泊まり、移動は全部ヒッチハイクというたくましいオランダの女の子。ギター片手に手作りヨーグルトとジャムを売り歩く、アフロ頭のドミニカ人。信号が赤になるたびに交差点の真ん中へ出て行き、火のついた木の棒をジャグリングして、停車している車からお金を徴収し、生活しているアルゼンチンの男の人。

そんな人たちに出会うたびに、自分がやっていることって、全然大したことないんだ、と思えました。なんだっていいんだ、どうやって生きたっていいんだ、と。

今も、何かにチャレンジするとき、大きな決断をするとき、不安になることはもちろんあります。でもそんなときに限って、いつもわたしの中に出てくるのは、旅の中で出会った強者たちで、彼らがいつもひょこっと顔を出しては、「やりたいようにやればいいじゃない！」とわたしの背中をグイグイ押してくれるのです。

彼らは総じて、決してお金持ちじゃなかったし、ときには着ている服だってボロボロだったり、それぞれいろいろな苦労をしたりしていました。でも、みんながみんな底抜けに明るくて、フレンドリーで、気持ちのいい人たちだった。

そんな人たちに励まされると「よし、とにかくやってみればいいか」という気になって、わたしはここまで、進んできました。この先どうなるかわからないけど、わたしの人生、なんか面白くなってきたな、と思っています。

この本では、わたしが旅行で経験したことと、どうして絵を描くことにしたのか、を書きました。これを読んでくれた方が、(こんな変な奴もいるのだから、ぼくも、わたしも、やってみようかな)と、何かのきっかけになったら、嬉しいです。

絵を描くことに恋をして　もくじ

1

結婚式に参加——カンボジア

旅に出る前、わたしは普通に会社勤めをしていた。動物病院で使われている機械をメンテナンスする仕事だった。上司も同僚もいい人たちだったし、会社も居心地がよかったから仕事が好きだった。

でも、やっぱり長い旅をしてみたかった。

旅に憧れるようになったのは、大学の終わりの頃からで、その憧れはどんどん大きくなっていった。違う国で暮らして、人や文化の中にどっぷり浸かるような旅を、いつかしてみたいなといつも思っていた。

会社の上司は、そんなわたしに「河野さん、旅行行ってきていいよ」と、よく休みを取らせてくれたので、一週間ほどの小旅行には何度か行かせてもらっていた。でもその程度でなく、もっと長く行ってみたい。もっともっと、冒険みたいな旅がしてみたい、と旅行に行けば行くほど思った。

あぁ……、旅に出たい！

そんな気持ちは日に日に増して、とうとう抑えきれなくなった２０１４年秋、ある日、わたしは上司に「会社を辞めて、旅行に行きたいです！」と告げた。

実はその前にも一度、同じ理由で会社を辞めたいと伝え、上司に引き止められていた。

だから、今度こそ！とわたしは意気込んだ。また優しい上司に引き止められたら、ついつい心が折れてしまうのはよくわかっていた。だから本当に今度こそ絶対旅に出る！と、自分に言い聞かせる意味で、そのときはなんと、まだ会社も辞めていないのに飛行機のチケットを先に買ってしまった。格安航空会社で見つけたカンボジア行きの片道チケット。もう航空券を買ってしまえば、あとは行くしかない。これできっと辞められるはず…！と思っていた。

チケットを先に購入して、強気で挑んだ退職宣言。が、しかし、人生とはやはり思い通りにはいかないもので、あんなに決心したつもりだったのに、今回も上司の必死の説得に思いがけずにまた負けてしまった。だってだって、上司も同僚も泣いて止めてくれるんだもん。こんな良い会社ないよなぁ。私って幸せ者。この会社でやっぱりわたしがんばります！とかなんとか言ったと思う。

しかし数日が過ぎて、やっぱりガッカリ。今回も辞められなかった。旅に出られない。しかしチケットはもう買ってしまったのだ。捨てるわけにもいかない。

しかたなく上司に「ちょっと……旅行に行きたいのですが……」と伝えると、わたしにストレスがたまっていると思ったのか、好きなだけ有給を取っていいと言ってくれた。わたしはカンボジアから日本に帰ってくる片道切符を買い足し、しかたなく、一週間のカンボジア旅行に出かけることにした。

なぜカンボジアだったかというと、単にチケットが安かったからで、特にカンボジアに行きたかったわけではなかった。本当はカンボジアからスタートし、まずは東南アジアのいろいろな国を周る予定だったが、蓋を開けてガッカリ、ただのカンボジア旅行になってしまった。

しかし、そのときのカンボジア旅行で、わたしはとても素敵な友だちができた。その友だちが、のちにわたしの夢だった長期旅行をスタートするきっかけになろうとは、もちろん想像できなかった。

退職未遂の数週間後、わたしはセントレアからカンボジアの首都プノンペン行きの飛行機に乗った。プノンペンで数日過ごしたあと、バスで8時間かけて、シェムリアップという街に移動した。ここは世界遺産のアンコール・ワットがある街なので、観光客も多く、とても賑わっている。わたしは一泊６００円ほどの安宿に泊まり、のんびり過ごしていた。

そんなある夕方、街をブラブラし、明日の朝ごはんに見慣れないフルーツを何種類か買い込み、宿に戻ろうとしていたとき、突然スコールが降ってきた。バケツの水をひっくり返したような強烈な雨が降り、一瞬で道が川のようになった。

わたしは急いで、屋根のあるお店の軒下に駆け込んだ。たまたま駆け込んだそこは、観光客向けのアイスクリーム屋さんで、「blue pumpkin」という、カンボジアでよく見かけるアイスクリームのチェーン店だった。すると、アイスを買って店から出てきた観光客をつかまえようとして、トゥクトゥクのドライバーたちがゾロゾロと店の入口付近に集まってきたのだ。

彼らはチャンス到来とばかりに、雨宿りしているわたしにも「宿まで送ってくよ」と何度も営業をかけていたが、わたしは「止んだら歩くから大丈夫よ～」と断っていた。ドライバーたちは毎日観光客を相手にしているだけあって、一瞬でどこの国の人か見極め、その国の言葉で交渉したり、挨拶や冗談を言ったりするのだ。

アジア人でも欧米人でも、ちゃんと見分けている。「味の素！　コンニチワ！」「あ！ニーハオ！」「ボンジョルノ～！」「&@#$%！」その素早い見極めがほぼ当たっているのもすごい。欧米人を見て、今のはフランス人、さっきのはドイツ人、あっちのはアメリカ人など、わたしなんかでは全然わからないのに、彼らには違いがわかるようだった。

話しかけられた観光客たちのリアクションもさまざまで、ツンとする人もいれば、ノッてくる人もいる。彼らの反応を見ているのもまた面白く、わたしはしばらくその軒下に居座って、観察することにした。

　すると今度は帰ろうとしないわたしに、ドライバーたちが「ナンサイ？　ナマエハ？　ケッコンシテル？」と、聞いてくる。みんな人懐っこくて、おじさんのようにも見えるが、少年のようにも見える。観光客に冷たくあしらわれても、キャッキャと騒いでいる。「トゥクトゥクドライバーはもうからないよ～」と言ってニコニコ笑っているのをみると、こんなんで生活は大丈夫かな……とこっちが心配になってしまう。

　彼らとのおしゃべりが楽しくて、結局夜の12時近くまでわたしはブルーパンプキンの前にいた。雨も止んだし、そろそろ宿に帰ろうかと思っていたら、一人のドライバーが「今からご飯に行くけど行かない？」と誘ってくれた。彼の名前はリェン。年齢は30歳らしいが、背が、わたしより低いのでやんちゃな少年にしか見えない。聞くと、今から彼の友だちと地元の行きつけのお店に〝鍋〟を食べに行くという。カンボジアの鍋料理なんてどんなものだろう……うん、なんだか面白そう！

　それに、この人たちがわたしを友だちのように扱ってくれるのが嬉しかった。リェンのトゥクトゥクにわたしと、彼の友だちのチュムが乗って、そのお店に向かった。チュムもさっきまでブルーパンプキンの前でお客をつかまえようとしていた一人だ。ちょっとぽっちゃりしていて、ニコニコして押しの弱い彼は、なかなかお客をつかまえられずに苦戦していた。見た目は優しいジャイアンみたいな感じだ。

リェンのトゥクトゥクは走り出したが、さすがに夜中の12時を過ぎていたので、街灯もない暗い道をどんどん進んでいく。走っている車もほとんどなく、道には野良犬たちがウロウロしている。こんな道にお店なんてやっているのだろうかと不安になりかけたそのとき、暗い中に1軒だけ灯りがついているお店があった。店先にテーブルがたくさん並べてあり、他にもお客さんが何組かいた。観光客相手の店ではない雰囲気がバンバン出ていて、床にはゴミや食べかすが散らばっている。そこを野良犬がウロウロしている。

しかし、何はともあれちゃんとレストランに着いたのだ。よかった。

チープなプラスチックの椅子に座ると、お店のママさんらしき人が来て、リェンが慣れた感じで注文した。リェンもチュムもお腹が空いていたようで、2人ともお腹をさすって、待ちきれないといった様子だ。

しばらくして、ママさんが、日本でもよくあるカセットコンロと、ステンレスの大きな鍋をテーブルに置いた。そして運んできたのは、お皿いっぱいの緑の野菜、細長いきのこ、生卵がのっかった赤いお肉、きしめんのような米粉の麺などが、ズラリとテーブルに並んだ。あとは日本と同じで、具材を鍋に入れ、煮えたら食べるという感じ。味は、スープに香草が入っているので、和風だしとは全く違う、エスニックな味。夜の涼しい空気の中で食べるカンボジアの鍋。あぁ、美味しいなぁ。あの雨宿りのおかげで、こんなご飯が食べられるなんて。

いつの間に頼んだのか、カンボジアのお酒までどんどん運ばれてきた。お互いのつたない英語と、カンボジア語と、日本語を交えて、もういったい何を話したか覚えていないけど、とにかく楽しい時間だった。みんなよく笑い、誰かがお酒を飲もうとするたびに乾杯をした。

わたしは世界旅行をするはずが、会社を辞められず、ただのカンボジア旅行になってしまったことに、少なからず意気消沈していた。でもそのときは、こんな楽しい時間を過ごせたしなんだかそんなのもまぁいっかと思えた。


帰りはリェンが宿まで送ってくれたので、お金を払おうとしたら、「友だちだからいらないよ」と言ってくれた。その日から、わたしは毎日ブルーパンプキンに通うようになったのだ。リェンとチュムはわたしをいろいろなところへ連れて行ってくれた。地元の山に登ったり、池で魚釣りをしたり、屋台でごはんとビールを買い込んで、川沿いでピクニックをしたりした。そしたらスコールに降られてビショビショになり、キャーキャー言いながら避難した。それがまた面白くて、なんだかわたしたちって昔からの友だちみたいだと思っていたら「ぼくらはベストフレンドだ」と2人が言ってくれたときは、とても心が温かくなった。

わたしが帰国するとき、チュムが「来年の2月に結婚するから、ぜひルルも結婚式に来てよ！」と言ってくれた。わたしは「行く行く！　絶対行く！」と即答で答えた。カンボジアの結婚式ってどんなのだろう……見てみたいなぁ。そして、その5カ月後、わたしは本当に、今度こそ本当に会社を辞め、チュムの結婚式に参加したのだ！

逆に言えば、チュムがそうやって言ってくれたから、今度こそ何があっても会社を辞めようと思えた。上司も「河野さん、ほんとに旅行行きたいんだね」と今度は承諾してくれた。

そんなこんなでわたしは、2015年の2月、やっと念願の世界旅行をスタートしたのだ。軍資金は150万円。そのお金が尽きるか、1年が経つか、どっちかしたらちゃんと帰ってこようと決めて出発した。わたしの人生80年（仮定）の中の1年間の修学旅行だ！と決めて。

せっかくいろいろな国に行くんだから、世界中で見たものをたくさん描きとめておこうと決めて、スケッチブックを2冊と水彩絵の具のパレットをリュックの中に入れた。旅先でサラサラッとスケッチができたら、なんかカッコイイなと思ったのだ。

しかしまだこのときは、帰ってきたら絵を職業にするなんて、ただの1ミリも思っていなかった。

そんなこんなで、2015年2月、ついに念願の世界旅行出発！　やったー!!

今回はまず、ベトナムのホーチミンに1万円ほどのチケットで入国し、ベトナムを少し観光した後、バスで国境を越えてカンボジアに入った。

さて、あれから5カ月ぶりにブルーパンプキンに行ってみると、やっぱり同じ顔ぶれが、変わらずにお客をつかまえようとそこにいた。実はみんなを驚かせたくて、一切カンボジアに来ることは伝えていなかったのだが、みんなちゃんと覚えていてくれて、わたしがいきなり現れると、驚いて、そして喜んでくれた。チュムもリェンも、もちろんびっくりしていた。2人とも元気そうで、早速その日は、みんなで地元のレストランにて再会の乾杯をした。

それから数日後、ついにチュムの結婚式の日がやってきた。カンボジアの結婚式は朝早くから始まるのだと言われ、リェンと朝の5時（！）に待ち合わせし、会場に向かった。会場と言っても周りに牛がいるような、だだっ広い空き地に、ビニールテントを何十個も並べて日陰を作り、安っぽいプラスチックの椅子やテーブルを何百個も並べた場所が、式の会場だった。正直、ロマンチックとは言い難い雰囲気。椅子にはコカ・コーラとか書かれちゃってるし。

6時前に会場につくと、たくさんの女の人たちが、朝の結婚の儀式に間に合うように、お化粧したり、結婚式用のハデハデな服に着替えたりと忙しそうに準備をしていた。わたしがボーッと突っ立っていると、おばさんが来て、リェンにカンボジア語で何かを言い、わたしの手をつかんだ。質問する暇もなく、わたしはおばさんに引っ張られて奥の部屋に行くと、なんとわたしにまで胸にプラスチックのカップが入った、誰でも巨乳に見えるオレンジのフリフリな服を着せてくれた。さらにはめちゃくちゃ濃い化粧までしてくださり、カンボジア風パーティースタイルに変身させてくれた。鏡で自分の顔を見て吹き出してしまうほど、なんというか、わたしには似合っていなかった……。新郎新婦とその家族だけの写真撮影のときも、なぜかわざわざ真ん中にわたしを入れて写真を撮り直してくれた。

おばさんの勢いに抵抗することができず、言われるがまま、されるがままだった。でも冷静に考えれば、急に入ってきたわたしのことを、不審な目で見てくる人が誰一人いなくて、みんな揃いも揃って歓迎してくれた。たった今、初めて会ったのに、わたしを親戚の一人みたいに扱ってくれるおばさんの、懐の広さに感動してしまう。

朝の準備と仏教式の結婚の儀式が一段落ついて、やっと8時前。宿を出てくるときはまだ薄暗かったが、今は朝日が眩しい。家族や親戚の人たち20人ほどと一緒に朝のおかゆを食べた。朝、リェンに「カンボジアの結婚式って何人くらい来るの?」と聞いたとき、「600人くらいかな」と言っていたが、なんだ、全然人がいないじゃないと思っていた。

しかしその後お昼が近づくにつれて、車やバイクがどんどん到着し、人が集まり、会場はみるみる埋め尽くされ、椅子も足りなくなり、テントの下には人がぎゅうぎゅう詰めになった。冗談だと思っていたが、あたりは見渡す限り人、人、人で、本当に600人くらいいいそうな勢いだった。親しい友人だけ招待ではなく、近所の人、その友だちまでみーんなまとめて招待!が、カンボジアのスタイルのようだ。

お昼の12時過ぎ、テーブルに料理が揃うと、チュムが挨拶をして「乾杯~!」の声で宴会が始まった。ご馳走が次から次へと運ばれてきて、みんな飲んで歌って踊って、新郎新婦も10回以上はお色直しをして、2人が登場するとそのたびに会場は盛り上がった。しばらくするとくじ引きのような箱が回ってきて、ご祝儀は各自その箱に入れるというシステムだそうで、わたしもチュムの門出を祝い奮発した。

驚くなかれ、宴会はお昼からぶっ通しで延々と夜中まで続いて気付くと時計は日をまたごうとしていた。ふとテントの外を見上げると、空には沢山の星が輝いていて、カンボジ

右上：チュムの結婚式に参列
右下：リエンのトゥクトゥクにのって
左上：結婚式の前日、親戚の方と準備。おこわのようなものを作った
左下：シェムリアップの屋上でスケッチ

アの音楽と、アンコールビールと、みんなの笑い声がずっと止まらなかった。みんな本当にいい笑顔で笑うなぁ。結婚式をするならこんな温かい手作りの式がいいなぁと思った。チュムも、新婦のスライちゃんも「わざわざ来てくれてありがとう、あまりゆっくり話せなくてごめんね」と私に声をかけてくれた。

カンボジアは日本と比べたら確かにまだ発展していないし、貧しい人もたくさんいて、豊かな国ではないかもしれない。でも〝豊か〟って、こういうことだなぁとチュムの結婚式を見て思った。

みんなが温かくて、経済的に豊かでなくても、それを心の豊かさでカバーして、問題クリア！　みたいな。お金じゃないよなぁと、つくづく思わされた。その日わたしがいた場所は、人の優しさで包まれていて、おフロに入っているように心が温まった。

「次来るときはうちに泊まっていってね」と、親戚のおばさんたち、みんなが言ってくれた。ぜひともまたカンボジアのみなさんに会いにいきたい。

2　「ダルバート」を手で食べる――ネパール

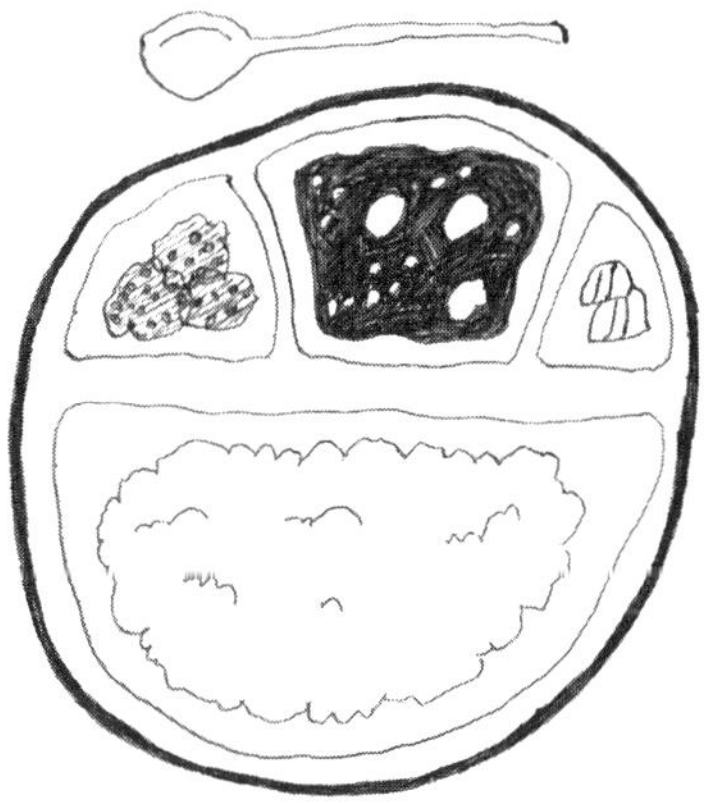

チュムの結婚式が終わって数日後、みんなに別れを告げて、わたしはまたバスで国境を越え、タイのバンコクに移動した。なんせバスは安いのだ。カンボジアからタイまで、締めて1000円、10時間の旅だ。明日何をするのも自由、時間を気にする必要のないわたしは、とにかく安さ重視！　時間がかかってもこうやって安く移動していた。タイのバンコクからは飛行機が安く飛んでいるというのも聞いていたので、そこからネパールのカトマンズに行こうと思った。

ネパール。響きからしてエキゾチックで、わたしの想像の中では、カンボジアやタイの熱帯の雰囲気とはちょっと違って、ミステリアスな感じ。一体どんな国なんだろうとワクワクした。しかしここネパールで、わたしは、旅はそう甘くはないということを思い知らされる。

Tシャツにペラペラのズボンにビーチサンダルという、タイでの服装のままネパールに到着したわたしは、飛行機を降りてその寒さに驚いた。とにかく寒い。冬のように寒い。考えてみればネパールに着いたのが3月の初めだったので暖かいわけがないのだけれど、雨も降っていて予想を超えて寒かった。

半袖だったわたしは急いで上着を羽織った。はやく宿で温かいシャワーを浴びたい…！それがそのときの切なる願いだった。雨に濡れながら、日が沈んで薄暗く、埃っぽいカトマンズの道を何度も間違えて、心が折れる寸前でようやく宿にたどり着いたときには、「はぁ〜」とため息が出た。これでようやく休める。ここの宿はバンコクにいるとき、インターネットからしっかり前もって予約しておいたのだ。

しかし、ここでまた問題発生。受付に行くと、背の低い小太りのおじさんがいきなり渋い顔で「Today, no room」という。

「え!? わたし予約したんだけど」と言っても、「No no」と口をへの字に曲げて「No room」の一点張り。どういうことよ……とよくよく聞いてみると、どうやらおじさんがダブルブッキングしてしまったらしい。だからわたしが泊まろうとしていたベッドには、まだ他の人が泊まっているのだ。だったらおじさんが悪いんじゃない。なのになぜかおじさんが怒っている。せっかくひと息つけると思ったのに、またテンションが下がる。満室って言うし、違う宿を探すしかないか……。でももう外は暗いし、寒いし、雨だし。また歩きまわって安宿を探すなんて、やだ! ねぇおじさんおねがい! 何とかして!

てか、ダブルブッキングしたおじさんが悪いんじゃん!と、こちらも怒ってみた。

するとおじさんは幾つかの部屋を見に行き、ベッドが3つ入った3人部屋に布団を一つ入れてギュウギュウで4人泊まれるようにしてくれた。ここでいいだろ、と満足げな顔のおじさん。言いたいことはいっぱいありますけれど……とりあえず今日はここで寝るしかないか……と諦めるわたし。

部屋に入ってみると偶然にもなんとその3人は日本人だった。久しぶりに話す日本語。みんなそれぞれに旅をしている人たちだった。今度こそやっと一息つき、シャワーでも浴びて温まろうと思っていた矢先、みんなからとどめの一言。「シャワー、壊れているから、水だよ」

ガーン…！　おじさん、オールウェイズホットシャワーって言ったじゃない……。ホームページにだってそう書いてあったのに……。雨に濡れて寒いうえに、さらに水を浴びるなんて、修行僧じゃあるまいしシャワー断念。テンションもまたまた下がり、おまけに同室の人たちはマリファナなんか吸いに行っちゃって、怖い。あぁ、もうやだ、部屋変えてくれないかな。無理か、満室だし。明日になったら宿変えよう、グスン。と思っていたら後ろから話しかけられた。

「あんた名前は?」と聞いてきたのは同室のりゅうじ、33歳。強面の彼は、小学生のときから夜中にバットで小学校の窓ガラスをバリンバリン割っていた〝強者〟で、その後はヤクザに入ったとか入ってないとか。しかし数年前に心を病んだことがきっかけで、日本を抜け出しインドを放浪し、インドが大好きになり、そのままインドで働き、ネパールの後は、またインドに行くという。どんだけインドが好きなんだこの人。

上半身の表も裏もびっしり入れ墨が入っており、眼光も鋭く、この人と目があったら死ぬのではないかと思った。そんな怖いヤクザ顔の彼がわたしを睨みつけて一言。

「あんた、旅初心者丸出しやで。そんな綺麗なかっこして、すぐ襲われて終わりや。あんたなんかすぐ死ぬわ」と吐き捨てるように言ったのだ…！　なんと恐ろしい！　なんて嫌な奴！　性格わる!!　それが、りゅうじの第一印象。

しかし話すと、「ネパールもインドもマジで危険な奴いっぱいおるから気ぃつけや。日本の女の子狙われやすいねん」と本当に心配してくれていた。何だ、いい奴じゃん。彼とは日本に帰った今でも仲良くしている。のちに開催されることになる、わたしの絵の展示会にも何回か来てくれた。今はカメラマンを目指しているそうで、怖いもの知らずの彼は、相変わらずインドの危険な場所に行っては写真を撮っている。そんな元ヤクザの友だちができるのも旅の面白いところだと思う。

さて、実はネパールには、3月頃をめがけて来ようと計画していた。それは「ホーリー」

というお祭りに参加してみたかったのだ。この祭りは春の訪れを祝う祭りで、とにかくその日は街中で、色水やカラフルな粉をかけ合うのだ。わたしはそのお祭りに、現地で仲良くなったスイス人の兄弟、リッチとレオと一緒に挑むことにした。

2人とはなぜか、街中でよく会うことがあり、そのうちに話すようになったのだ。背が高く、がっしりしていて、ヒゲをはやした兄弟2人は、スイスで大工をしており、なんと3カ月もお休みを取って旅行をしているという。自営業ではない。会社勤めでだ。毎年そんな感じで長期旅行をするらしい。うーん、うらやましすぎる。

さて、3月6日ホーリー当日の朝、あえてわたしは白いシャツを着て、街の中心地に向かおうと3人で道を歩いているときだった。

バッシャーン！と頭上からオレンジ色の水が降ってきたのだ。見事にびしょ濡れになるわたし。あっけにとられるリッチとレオ。水が降ってきた方を見上げると、なんと男の子たちが屋上から、色水を通行人めがけてぶっかけている！　そして、ニコニコ笑って「Happy Holi！」と手を振っている男の子たち。なるほど。今日は何が起こっても「Happy Holi！」で片付いてしまう日なのか。

びしょ濡れのわたしを心配しているリッチとレオを引き連れ、早速、路上に売っている色とりどりの粉を買った。赤、青、黄色、ピンク、みどりといろいろな粉を少しずつ。そしてその粉の入った袋を手に、カトマンズの中心にあるダルバール広場へと向かった。そこへ向かう道すがらでも、たくさんの人が色の粉をぶっかけてきたり、色水にして水鉄砲で撃ってきたり、顔に粉を擦り付けてきたり、もう髪も顔も服も、あっという間に色とりどりになってしまった。今日だけは、普段普通に道を歩いているのとはわけが違うのだ。

広場につくとそれはもうすごい人だかりで、爆音で音楽をかけて踊って歌って、盛り上がりまくっていた。何千人もの人がその広場にぎゅうぎゅう詰めになっており、地元の人も観光客もごちゃまぜで、肩を組んで歌ったり、写真を撮ったり、わたしたちのような他の旅人が「Hi !」と声をかけてきて、今会ったばかりなのに一緒に道端でビールを飲んでおしゃべりしたりした。

広場を抜けて細道を歩けば、ちびっこたちも粉で遊んでおり、子ども好きなリッチは、次々と寄ってくる可愛いネパールの子どもたちをひたすら肩車して、喜ばせようと飛び跳ねていたので、次の日「肩が痛い……」と嘆いていた。

祭りが終わったときには、3人とも頭の先からつま先まで、色が混ざって赤黒っぽくなっていた。お互いの顔を見て「すごい顔色してる！」と思わず笑う。

夜、3人で地元のレストランでご飯を食べながら「今日はめちゃくちゃ楽しかったね」「いや～最高だったね」と話した。「わたしの白シャツ、すごい色になっちゃった」と言うと、レオが「ぼくの靴も！　一年で今日しか作れない、ホーリーリミテッドエディションだね」と言った。うん、その通りだ。このシャツはもう着られないけど、楽しかった今日の思い出にとっておこうっと。

宿に帰ってシャワーを浴びたら、粉のせいで水がすごい色になってびっくりした。朝から晩まで思いっきり楽しんだ春のお祭り、ホーリー。最高に楽しい1日だった。

わたしは旅行をするとき、「郷に入れば郷に従え」をモットーにしている。

だから実は、ネパールの人たちが手でカレーを食べているのを見て、あぁ、わたしも手で食べたい……でも食べ方がわからないし、なんか恥ずかしいし……とウズウズしていた。

そんなある日、ジバンという地元の男の子と知り合った。彼はリバーラフティングのインストラクターをしており、日本語を勉強中のとても優しい青年だった。彼の事務所がわたしの泊まっていた宿のすぐ近くで、道でもよく顔を合わすことがあった。何回か話すうちに仲良くなり、彼の仕事がないときはお寺や観光名所を案内してくれた。

そこである日ジバンに「カレーを手で食べたいんだけど教えてくれない？」と頼んでみると「じゃあ僕がよく行く店で練習しよう！」ということになった。連れて行ってくれたお店は観光客がおらず、メニューも5種類くらいしかなかった。

ネパールの主食は、正式にはカレーではなく「ダルバート」と言い、ダル＝豆カレー、バート＝ごはんという意味だそうだ。メニューがネパール語で読めないので、わたしも彼が注文したのと同じものを頼み、手をきれいに洗って準備万端。注文して間もないうちに、大きなアルミの丸いお皿が運ばれてきた。そこには山盛りのごはんと、オレンジ色のダル、付け合せで、緑の菜っぱが炒めてあるようなものが、乗っていた。

ついに、本場のダルバートを本場のやり方で食べるときが来た！と興奮するわたし。

「いいかい、まずダルをご飯にかける。そして右手でごはんとダルを混ぜ合わせる」とジバンが目の前で見せてくれる。ふむふむ、とわたしもジバンの手つきを真似ながらご飯を混ぜてみる。

しかし、やってみて初めてわかったが、これが結構熱い。ごはんがアツアツで長く触っていられない。わたしが苦戦しているのを横目に、さすがはネパール人、話しながらも、手はずっとごはんを混ぜている。「混ぜたら、一口分をこうやってつかむ」。見ると、ちょうど手の平を上に向けて、指先をピタッとくっつけた状態で、親指以外の指先にごはんが乗っかっている。「それを親指で押し出しながら、口の中に押し込むように食べるんだよ」と言い、食べてみせるジバン。その素晴らしい食べっぷりといったら！　ご飯粒が一つも落ちず、なんともスマートなのだ。よし、わたしも。と、ごはんを手に取り、口元に持っていき、親指で押し出すと……ボロボロっとごはんがこぼれて綺麗に食べられない。

手で食べるのって意外に難しく、何回やってもボロボロこぼれてしまう。よし、これからは毎日手で食べて練習する！と意気込んだわたしだった。でもでも、手で食べるダルバートはやっぱりスプーンで食べるより、美味しくて、そんなの手でもスプーンでも変わらないんじゃない？と思うかもしれないが、わたしは絶対、手で食べたほうが美味しく感じるという方に一票入れたい。なんだかわからないけど、手が熱くって、スパイスで体も熱くって、美味しく感じるのだ。大きなお皿のダルバートでもペロリと完食。あぁ、手で食べるのって楽しい。


カトマンズに一週間ほど滞在したあと、ジバンがちょうど実家に帰るので少し離れたその村に遊びに行かないかと誘ってくれた。「面白そう！　行く！」と二つ返事で予定を決めた。こんな行き当たりばったりの旅にずっと憧れていたのだ。

彼が連れて行ってくれた、ガイドブックにも載っていないような小さなその村で、わたしはたくさんの可愛らしいネパールの人たちと出会った。その村は、特に何もないので、外国人も訪れない。だから道を歩いていると、大人も子どもも、みんなわたしをジロジロ見てくるのだ。

わたしはそのときジバンのいとこの家に泊まらせてもらった。20歳のキランという男の子、17歳のスイザナという女の子。彼らとは年が近いということもありすぐ打ち解けた。彼らのお父さんもお母さんもおばあちゃんも急に訪ねたにも関わらず歓迎してくれて、わたしの世話を色々焼いてくれた。キランは、わたしにネパールの民謡を覚えさせようと何回も歌ってくれたし、スイザナは自分の通っている学校に、わたしを連れて行ってくれた。

驚くことに、学校の先生まで歓迎してくれて、教室で一緒に授業まで受けさせてくれた。こんなこと日本ではありえないよなぁと思いながら、先生がネパール語で説明する全く理解のできない簿記の授業を受けた。

帰り道にスイザナと彼女の友だちとわたしで、原付バイクに3人乗りして、近くの屋台にモモ（ネパールの餃子のような軽食）を食べに行った。

「ねぇ、ルルはどんな人が好きなの？　ネパールの男の人ってかっこいいと思う？」とか、国は違ってもやっぱり女の子はガールズトークで盛り上がった。スイザナは、まだ家族には言っていないがボーイフレンドがいるそうで、かっこいい彼氏の写真を見せてくれた。もしこの村に生まれたら、きっとこんなふうに女の子の友だちと過ごすのかな、と、その日はネパールの女の子になったような気分でとても楽しかった。

次の日、スイザナが学校から帰ってくると「先生が、あれ、今日はルルは休みか?と言っていたわよ」と教えてくれた。なんだかわたし、生徒のようになっている! そのオープンすぎるネパールの人たちの性格に笑ってしまうし、しかし感心もしてしまう。

その田舎の村にはでこぼこの黄色い土の一本道があり、そこを歩いていると、まだ話したこともない近所の家々から、「チャイ飲んでいく?」とよく声がかかった。じゃあお言葉に甘えてと、お家にお邪魔すると、家族がみんな集まってきて、私に話しかけてくれた。ネパール語なのでお互いあまりわからないのだが、一通りおしゃべりして、じゃあねと家を出た途端にまた隣の家から「チャイ飲んでく?」とお声がかかったりする。みんなとてもウェルカムだった。

村の女の人たちは昼間、井戸に集まって洗濯をしているので、わたしもそこに混ざって洗濯をしに行くと、あら、珍しいのが来たわよ!と、これまたいろいろ話しかけてくれた。近所の子どもたちは学校が終わったらわたしのとこに来て、村のお寺だとか、学校のウサギ小屋だとか、いろいろな場所を案内してくれた。道に咲いている花をいちいち取ってきてはわたしの頭に挿してくれた。わたしが喜ぶとみんな嬉しそうだった。可愛いなぁ。大人も子どもも、みんな可愛くて、純粋だなぁ。

右上：ジバンのお姉さんが民族衣装を着せてくれた
左上：仲良しのスイザナと
左中：スイザナの学校で一緒に授業を受けた
左下：初手食。手で食べるのは意外に難しい
右下：滞在中、ジバンの従兄弟の家の庭

ここには水道もないし、冷蔵庫も電気もない家もあって、夜になると窓からろうそくの灯が見えた。本当に原始的な生活をしていて、そりゃあ生活するのは不便かもしれないけれど、みんな人間味があって、優しくて、助け合って生きていた。不便だからこそ、協力し合わなきゃいけなくて、人と人との会話や触れ合いが避けられず、だからこそ人が温かくて明るかった。自然も人も、みんなで生きているっていう感じ。

わたしはこの村が大好きになった。みんなに喜んでほしくて、キランに教えてもらった民謡を事あるごとに歌った。するとこっちが嬉しくなるくらい、みんな手を叩いて大喜びしてくれた。ネパールを旅立つとき、ジバンには本当にお世話になったので、何かお返しがしたくて、彼の絵を描いてあげたら、それもすごく喜んでくれた。

数年前、ネパールで大地震があったとき、あの村の人たちは、無事だろうかと何回も考えた。わたしは今、ケータイやパソコンが当たり前の世の中で生きていて、誰にでもすぐ連絡が取れるが、あの村の人たちとはそれができない。ケータイなんて持っていないのだ。

今でもあの人たちはどうしているだろうと考える。そうやって人のことを想う時間というのは、便利になればなるほど、だんだん消えていってしまっているように思う。今は想っ

右上：宿の子どもたちが村を案内してくれた
左上：ネパールの村のおばあちゃんと
左下：ネパールのお祭り「ホーリー」でレオとわたし

たら、すぐ連絡が取れるから。昔はどの国もきっとあの村のようだったんだろうな。

またいつかあの村に行って、あの人たちに会いたいなぁと思う。みんなどうか元気でいますように。

3　バラナシでシヴァ神と——インド

ネパールに1カ月ほど滞在したあと、ついに、念願のインドに向かった。インドはこの旅の中で、絶対行きたかった国のひとつだ。ずっとずっと、憧れていた魅惑のインド。

そして、インドで一番初めに着いた街は、わたしが一番行きたかった街、バラナシだった。ご存じ、あのガンジス川が流れていて、インドの人にとって聖なる街と言われているバラナシを、一度この目で見たい！とずーっと思い続けていた。

ネパールにいるとき、ホーリーに一緒に参加したリッチに「これからバラナシへ行くの」と言ったら、「Varanasi ! Such a beautiful city! (バラナシ！ なんて綺麗な街だったんだろう！)」と言っていた。へー、ビューティフルなんだ。

いったいどんな場所なんだろ。綺麗な街なのかな。わたしはあえて、日本でもガイドブックやバラナシに関するテレビ番組を見ないようにしていた。テレビでインドのことが流れたりすると、瞬時に目をふさぎ、耳をふさいでいた。だってそうやってあんまり知らずに現地に行ったほうが、ワクワクや驚きが大きくなる気がしたから。

でもバラナシの怖い噂や事件は聞いていたし、危ない体験をした旅行者の本も読んでいた。弟は、わざわざわたしが旅立つ前に「インドであった怖い事件20選！」というネットの記事を送りつけてきた。女子が襲われて殺された、ガンジス川には死体が浮いている、寝ている間に薬を飲まされ身ぐるみ剥がされていた、寝ている間に内臓を取られ臓器売買されていた（……ほんと？）、狂犬病かもしれない野犬に噛まれた、病院で狂犬病のワクチンを頼んだのに全然違うものを打たれた、ガンジス川に入ったらとんでもない病気にかかり強制帰国させられた、サルにパスポートを破られた等々、本当か嘘か怪しい噂もあるけれど、そんなことを聞くたび、わたしの好奇心はますます大きくなっていった。インドって、バラナシって……すごい！

そのようにずっと楽しみにしていたインドだったけれど、ネパールから歩いて国境を越えて、やっとインド側に入国した瞬間の、あの怖さは今も忘れない。たぶん、一生忘れられない。

早朝でまだ薄暗い中、わたしはリュックの肩ベルトを握りしめ、ドキドキしながらインド側に歩いて入国した。気が抜けるほどあっさりしたイミグレーションを通り抜け、パスポートにスタンプを押してもらって、ネパール側から国境を越えて、インド側へ足を踏み入れた途端、空気がガラッと変わった気がした。

ほこりっぽい砂の道には、野犬と、目をギラギラさせたインド人の男たちが20人ほどまばらに立っている。誰一人、笑っていない。あたり一面に緊迫した空気が流れている。道の両脇から、何人もわたしを見ているのがわかる。道は一本しかなくて、わたしはそこを通っていかなければならない。男たちはわたしを見つけると、駆け寄ってきて何か大声で言ってきたり、タクシーの交渉をしようとしたりした。中には叫びながら近づいてくる者もいた。もうその怖さったらなくて、なんにも答えられず、彼らの顔も見られず、でも、怖がっているのがバレたら、何かされるかもしれないと思って、必死に普通の顔を装って、下を向いて、とにかくひたすらまっすぐ歩いた。すると、一人の男がわたしのすぐ横に来て、声を低くして耳元でぼそっと言ったのだ。

「Welcome to India. This is India.（ようこそインドへ。これがインドだ）」

な、なんという歓迎！　ゾワゾワっと鳥肌が立って、顔からサーっと血の気が引いた。その男の顔なんて怖くて見られたものじゃなかったけど、こっちを見て、ニヤリと笑っているのがわかった。きっと必死に冷静を装っていたが、その男たちにはわたしが泣き出しそうなくらい怖いことがバレバレだったのだろう。今すぐネパール側へ走って逃げたいくらい怖かったのを覚えている。この国では自分がしっかりしていないとリアルに殺されるかも……と本気で思った。

その男たちの歓迎を通り抜け、国境付近の駅にようやくたどり着いたときは本当にホッとした。なんとか切符も買って電車に乗り込み、バラナシの街を目指した。約7時間後、ようやく到着した頃には、もうすっかり日が暮れていた。あたりは暗くて、どこに行けばいいかわからない。こんなときに限って宿も予約していなかったのだが、電車の中でたまたま知り合ったオランダ人のカップルが、今から歩いて宿を探すのは危ないから、今日はぼくらが予約したホステルに一緒に行こうと言ってくれた。あぁ……命の恩人とはこのオランダ人のことだ！　もし彼らに会えなかったらと思うと、今でもゾッとする。

駅から3人でトゥクトゥクに乗り、ホステルに向かった。暗い街を歩いている人がみんな悪い人に見えて、わたしは今にも襲われるのではないかというぅ、被害妄想が止まらなかった。ラッキーなことに宿には空きがあり、わたしもその宿に泊まれることになった。チェックインをしたら、そのカップルと近くのレストランへ行って、簡単に夕食を済ませ、さっさと宿に帰った。ベッドに寝転がって、（なんだかとんでもないところに来ちゃったなぁ……生きていけるかなぁわたし……）と久々にこんな不安な気持ちになった。日本では感じない身の危険を、ひしひし感じた。正直、とても心細かった。そんなことを考えているうちに、長旅の疲れもあって、いつの間にか眠りについていた。

翌朝、窓の外からの騒音で目が覚めた。インドのジリジリとした暑い太陽に照らされ、外は眩しいくらい明るくなって、そこら中で車がクラクションを鳴らす音が聞こえてきた。窓から外を覗くと、女の人や子どもたちも外を歩いている。観光客もちらほら見える。

わたしは、（よし、街を歩いてみよう！）と気合いを入れ、外に出た。

宿の玄関の扉を開け、一歩外に出た。そしてやっぱり、インドは期待を裏切らなかった！

もうびっくり仰天、カルチャーショックとはこのことを言うのだと思った。

だってまず、道には動物がたっくさんいるのだ！　犬、サル、牛、ヤギ、ネズミがそこらじゅうにいる！　だからもちろん、彼らのフンもそこらじゅうにある。そのためハエもすごいし、ゴキブリだってすごい。そんな中で屋台のおじさんは真っ黒の油でサモサ（中にカレー味のじゃがいもが入った三角の形のインドのスナック）を揚げているし、ふと見ると足元に落ちたサモサのカケラを、大きなネズミがくわえて逃げていく。道路の真ん中には牛が座っていて、車や自転車がそれを避けて走っていく。人一人通れるくらいの狭い路地を歩いていると、前から牛がやってきて、わたしが壁に張り付き、スレスレで牛が通っていくなんてこともよくあった。サルが、アラジンの世界のように、屋根から屋根を渡り歩いていたし、噛みつかれたらヤバそうな目つきの怖い犬もたくさんいた。道は汚いのに、そこに寝っ転がっている人もいた。お金をくれと服をつかんでくる人もいた。ついでにお尻をつかんでくる痴漢にもあった。日本語が上手なナンパなのか客引きなのかわからない男もたくさんいたし、女性だってヘナタトゥーをやらないかとしつこくついて来る人もいた。

わたしは、はじめのうちこそ、見るものすべてにギャーギャー騒いだり、驚いたりしていたものの、日に日にインドに慣れていった。それに早くインドに馴染みたいと思った。

ネパールでジバンに教えてもらったように、毎日カレーは手で食べたし、ヒンドゥー教のお寺を見つけるたびに、近くのインド人にならって、お参りした。そして数日経つと、いろいろなことにもういちいち驚かなくなり、生活にもなんとなくリズムが生まれた。

まずわたしは朝、目が覚めたら近くのチャイ屋さんにチャイを飲みに行き、それを朝食とした。おじさんが小さなグラスに入れてくれるアツアツの甘いチャイは一杯10〜20円ほどで、濃〜いスパイスの味がした。チャイを飲んだら宿に戻り、屋上まで行ってスケッチブックと絵の具を広げ、気に入った風景を描いた。

お昼になったらスケッチ終了、ブラブラと歩いてなるべく観光客のいない食堂を探し、手でカレーを食べた。毎日、いろいろなお店を探して歩き回った。〝自分だけが知っている美味しい店〟を見つけたかったのだ。カレーは美味しいお店もあれば、味がわからないくらいただただ辛いというものもあった。裏路地を歩き回っているうちに道も覚えて、お気に入りのヨーグルトラッシーの屋台まで迷わずたどり着けたり、みやげ物屋のおじさんが挨拶してくれたりするようになった。そして夜になると、ガンジス川沿いの沐浴場《もくよく》（ガートと呼ばれる川に続く階段）で行われるヒンドゥー教の儀式〝プジャ〟を眺めに行った。これがまさに、圧巻なのだ。プジャは毎晩日が暮れると、ガートに何千人もの人が集まって行われる。ガンジス川の手前に設けられた祭壇に、6〜7人ほどの〝バラモン〟と呼ばれる男性たちが立ち、蛇の頭がモチーフになった灯籠を、踊るような動きでいろいろな方向に掲げたり、綺麗な音のベルを鳴らしたりしながら、お経のような歌を歌って、聖なるガンジス川に祈るのだ。

一緒に祈りをささげようとそこに集まっているたくさんの人たちは、そのバラモンに合わせて歌ったり、手拍子したりするのだが、目の前に広がる、真っ暗なガンジスの川を前にして輝くろうそくの光や、あたりに立ち込める炎の煙が、より幻想的な雰囲気を醸し出していた。

わたしは初めてプジャを見たとき、そのパワーに圧倒されて、動けなくなった。その光景が、震えるほど美しかったのだ。大げさでなく、本当に目を見開いて、後ろにのけぞって息ができなくなるくらい、感動した。（なるほど……リッチが言っていたbeautiful cityっていうのはこのことだったのか……）と納得した。

インドって本当にすごい。わたしの目の前には、心からヒンドゥーを信仰している人たちが、ガンジス川にたくさんのろうそくや花びらを浮かべ、それがまるで星みたいにゆっくり流れていく。そんな美しい光景がある一方で、目を後ろへ向ければ、動物のフンがあり、川沿いで死体を燃やしている人がおり、物乞いがわたしを見ている。震えるくらい美しいものと、目を背けたくなるようなものが、インドには同時に存在するのだ。

プジャは何回見ても綺麗で、わたしは毎晩ガートに通ってはその美しい光景を眺めた。

そしてプジャを見終わると、さっさと宿に帰って、また絵を描いたり、他の宿泊客と話したりした。

インドでは毎日何かしらハプニングが起こるので、全く退屈しなかった。しかしその中でも記憶に残っている出来事といえば、シヴァのお寺に行けたことだと思う。その出来事が起こった日から、わたしはシヴァが大好きになってしまった。

シヴァとは、ヒンドゥー教の神様の一人で、創造と破壊の神と言われている。

ヒンドゥー教にはいろいろな神様がいて、インド各地にそれぞれの神様のお寺が建っている。あの街には、ガネーシャのお寺、こっちの街には、クリシュナのお寺という具合に。その中でもシヴァのお寺というのは、とても人気が高い。なんせ創造と破壊の神なのだ。生まれるのも死ぬのもシヴァが大きく関与しているとヒンドゥー教の人は信じている。

そのシヴァのお寺があって、なおかつ聖なるガンジス川も流れている街、バラナシは、インド人にとっては、死ぬまでに一度は行ってみたい場所なのだった。だから毎日毎日、インド各地からバラナシめがけて人が集まってきては、みんな沐浴したりシヴァのお寺にお参りに行ったりして、街はいつも人で溢れていた。

しかし、宿で会う旅行者から、「観光客はシヴァのお寺には行けないよ」と何回も聞いていた。理由は、観光客はガンジスで身を清めていないし、ヒンドゥー教徒じゃないからだそうだ。「行っても塀の外から、チラッとお寺の塔の先が見えるだけだよ」とみんな口を揃えて言っていた。それなら、わざわざ行かなくてもいいか、とわたしは思っていたが、不思議なもので、何故かそう思えば思うほど、シヴァのお寺が気になっていた。

そんなある日、バラナシで仲良くなったインド人にそのことを話してみると、「それはシヴァが君を呼んでいるのだ」と神妙な面持ちで言われた。シヴァがなぜわたしを呼ぶのだ……と思いながらも、ある朝、どうせ暇だしと、お寺の塔の先だけでも見に行ってみる気になった。宿からお寺に向かって歩いていくと、周辺の曲がりくねった細い路地に、花やお菓子を抱えたインド人がすでに何百人と並んでいた。その数といったらすごいのだ。早朝にしてこんな長い列ができているとはつゆ知らず……さすがシヴァ神、人気者だ。

わたしは、どうせ入れないのだから列には並ばず、その脇を進んでいくことにした。そのまま進んでいけば、そのうち広い道に抜けられるだろうと思ったのだ。入らないので通してくださいね〜と列を無視して進んで行くこと数分、どんどん路地が狭くなって、とうとう先に進めなくなり、わたしも列に割り込みした感じになってしまった。これはさすがに申し訳なく、早く抜けなければ……と思うのだけど、本当に道が狭いのと、人が多いので、全然動けない。お寺に入れないのになんで行列に並んでいるのだろうと思っていると、大きな体の警察らしき男が現れた。わたしを見下ろし、怖い顔で「こっちへ行け」と指さした。

わけも分からずそちらへ行くと、今度はカーテンで仕切られた小部屋に通され、女性の警察官が現れて、わたしのボディーチェックをし始めた。これはまずい……寺に忍び込もうとした怪しい奴だと思われてしまったのかも……。どうかこのまま返してください！と思っていると、女性警察官が「ＯＫ」と言い、小部屋から出るように言われた。よかった、これで帰れる、と思いカーテンを開けて出ていくと、わたしは、目を見開いてびっくりしてしまった。

床は真っ白の大理石で、水浸しになっている。天井の大きな窓から光が差し、白い床に反射して、ものすごく眩しくて、思わず目を細めた。あたりを見回しても、観光客は一人もいない。インド人だけだ。まさか、ここってお寺の中なの？と状況がよくわからず、あたりをウロウロしていると、すごい人だかりを見つけた。

その人だかりの中心にはシヴァの石像（シヴァリンガと呼ばれるもので、シヴァ神のシンボル。円柱のような形をしている）が、ドーンとそびえ立っている。人よりはるかに大きいその石像に、インド人たちはハチミツをかけたり、牛乳をかけたり、花びらをかけたりして、お参りしている。そのため、石像の足元にある風呂桶のような溝には、牛乳なのか何なのか、とにかく白い液体が波打っており、さらには綺麗な花びらも散らばって、まるでミルク風呂から、シヴァリンガの石像が突き出ているような感じだった。それは、すごく異様な光景で、怪しいパワーが渦巻いているように見えた。

みんな我先にその石像に触ろうと、押し合いへし合いしていて、もうそのパワーというかエネルギーというか、なんとも凄まじい光景に、わたしはあんぐり口を開けて圧倒されてしまった。すると近くにいたインド人が、「あんたも触りなさい！」と緊迫した顔で言ってきた。なんだかよくわからないけど、迫力に圧倒され、わたしは人をかき分け、ぐぐっと手を伸ばすと指先が少しだけ石像に触ることができた。

するとまたさっきのインド人が後ろから、「祈りなさい！」と言ってきたので、見よう見まねで彼らがやるように右手で自分の額と胸を触り、祈った。すると今度は「早く出ていきなさい！」とまたその人に言われた。まったく、これはなんなんだろう……頭に、はてなマークがたくさんついていたが、怖かったので言われるままその場所を出た。

（あれは、どう考えても絶対お寺の中だったはず。だってあんな大きなシヴァリンガがあったんだし……）と来た道を帰りながら思った。

でもどうして入れたんだろう……入れないってみんな言っていたのに……。

わたしは、そこらへんの露天のおじさんに「ねぇ、わたしさ、今お寺に入れちゃって、シヴァリンガに触ったんだけど……」と聞いてみた。するとおじさんは、驚いた様子で「それはすごい！　君は凄くラッキーだ！」と言った。なんだか信じられないわたしは、他にも何人か、そこらへんの人に聞いてみた。だけどみんな口をそろえて、「ラッキーだ！　ラッキーだ！」と言う。「シヴァが呼んでいたのだ！」と。

そこまで言われたらきっとラッキーなのだろう……！　すぐ信じ込むクセのあるわたしは、（もしかしたらほんとにシヴァが呼んでいたのかも……）と思った。そしてそのへんの露天に売っていた50円くらいのシヴァのカードをすぐ買った。これをお守りにしよう！これできっとシヴァ様のご加護があるはず！　だってお寺に入れたんだし！　このハプニングによって、わたしは勝手にインドに受け入れてもらえたような気になり、一層インドが好きになった。

昔から、自分の中の〝スイッチ〟が入ると、もうそれしか見えない！というのがわたしの性格なのだけれど、シヴァのお寺に行けたことで、もっともっとインドにどっぷり浸かりたい！というわたしの中のスイッチが入った。そうなったら最後、もうなんでもやってしまう。トイレでお尻だって手で拭いたし、屋台で出される水も飲んだ。挙句の果てには、絶対入りたくない！と思っていたガンジス川にも飛び込み、沐浴した。水は黒く濁っていて、足元はぬるぬるした。頭までドボンと浸かったときには、（さすがにこれは病気になるかな……）と思ったが、なんにも起こらなかった。わたしはますます、（やっぱりシヴァが守ってくれているんだ！）と信じ込んだ。

そんなふうに、わたしのインド2カ月放浪の旅はバラナシからスタートした。

バラナシのあとは、列車でいろいろな街を巡っていった。インドの列車は、車両のレベルが5段階で分けてあって、一番値段の高い車両は、ベッドが2段、エアコン付きの個室、指定席なので必ず座れるし、寝転がれる。さらに他の乗客はその車両に入れないので、盗難などの心配も少ない。逆に一番安い車両は、指定席ではなく座れたもの勝ち、乗れたもの勝ちなので、みんな列車が到着すると同時に乗り込み、席は争奪戦となる。下手すると、列車の屋根にも人が乗る。

わたしは3番目のクラスの、ベッドは三段、エアコンなしのクラスをよく利用していた。暑いし、ベッドも狭いけれど、一応寝転がれるし、値段が安いのも魅力だった。一度だけ一番安い車両にも乗ってみたが、つぶされそうなくらい満員で、とても疲れた。いろいろな街をめぐり、気に入った街には一週間ほど滞在しながら、北から南に下っていった。

インドの旅がスタートして1カ月ほどたった頃、わたしはインドの真ん中あたりの海辺の町、ゴアに滞在していた。そこはヒッピーが住み着いている場所としても知られていて、週に何回かフリーマーケットが開かれた。いらなくなった服や靴、かばんなどを売っている人もいれば、インド刺繍がきれいな小物やアクセサリー、インドの楽器、スパイス、お菓子なども売っていて、ただ見ているだけでも楽しかった。

上：外国人と写真を撮りたがるインドの人
中：ヒンドゥー教の儀式「プジャ」
下：インドの聖地バラナシ

右上：民族衣装の「サリー」初体験
左上：バラナシの夕日はいつも綺麗だった
左下：移動中の電車でもよく話しかけられた

4　子どもたちにキャンディーを——ハンピ

ゴアにいるとき、「これから南に行くならちょっと寄り道してハンピに行くと良いよ」と、すれ違う旅行者に何回も言われた。みんな口を揃えて「ハンピは良いところだった」と言うのだ。聞くと、そこは「南インドの秘境」と呼ばれる場所らしく、他のインドの街とは全然違うそうだ。わたしはガイドブックを持たずに旅行をしていたので、それまでもそうやってすれ違う旅行者からの情報を頼りに行き先を決めていた。

〝ハンピ〟ってなんか可愛い響きだし、行ってみるか、とゴアの次の行き先を、ハンピに決定したのだった。しかし南インドの秘境と呼ばれるだけあって、直通のバスや電車は出ておらず、ローカルバスを5回も乗り継いで、一日かかってようやく到着した。

さて、ハンピに到着してまず驚いたのは、この町は、言われたとおり、今まで巡ってきた町と全く別物だった。

ビルやアスファルトの道はなく、あたりにはビルの5階建分くらいの巨大な岩が、ゴロゴロ転がっている。それがときには、あり得ないバランスで積み重なっていて、指でチョンと押したらゴロンと落っこちてしまうんじゃないか?と思えるくらいギリギリのところでとどまっていて、まるで巨人か何かが石を積み上げたみたいに不自然なのだ。

周りを見渡すと日本では見かけないサルがそこらじゅうにいて、茂みからは野生のクジャクの声が聞こえてくる。現地の人はハンピを〝マジカルシティ〟と呼んでいるそうだ。

赤茶色の巨大岩と、濃い緑に囲まれたその場所はたしかにマジカルシティで、非日常すぎてまるで、ゲームの世界に入り込んだみたいだった。

さらに、ハンピには世界遺産にも登録されている古い寺院があるのだけど、なんとその寺院で象を1頭飼っていた。〝ラクシュミ〟という名前の象は、足に鎖がついているものの、柵も何もないところにいて、誰でも普通に象に触れるのだ。こんなお寺があるだろうか！　子どもも大人も象に触り放題。わたしも持っていたバナナを差し出したらむしゃむしゃ食べていた。

町の真ん中には川が流れていて、ラクシュミはその川に一日一回水浴びをしに来る。ある日、またバナナをあげに行こうと、その古い寺院へ向かったら、細かい彫刻がされた大きな石造りの門から、川に行くため、ラクシュミが悠々堂々とゆっくり出てくるのを見ることができた。その姿は、全部がスローモーションで動いているようで、赤茶色のお寺の中で、目の前をラクシュミがゆっくり通り過ぎていくその数秒間は、まるで映画の世界に入り込んだようだった。

とにかく、そのマジカルシティを気に入ってしまったわたしは、しばらくここにいようと決めた。幸運なことに一泊200円ほどの安い宿も見つかった。部屋の隅に、手のひらより大きなカエルがいたり、宿の近くで太くて長い大蛇を見たりしたのにはびっくりしたけれど……。

ハンピの中心に流れている川を渡ったところに、小さな楽器屋があった。オンボロ小屋のようなその楽器屋には、見たことのない、いろいろな楽器が売られていた。オーナーの名前はガリくん。「ガリ」とは風という意味らしい。

わたしと同い年だった彼は、よく日に焼けていて、名前のとおりガリガリだったけど、とにかく音楽が大好きで、彼が歩くと町のみんなが声をかけてくるような人気者だった。川を渡るたび、どうしても彼の店の前を通るので、見かけると挨拶をするようになった。

ある日、夕暮れどきに歩いていると、ガリがたくさんの楽器を担いで歩いている。「どこに行くの？」と聞くと「今から岩の上に登ってみんなで楽器を弾いて歌うんだ」と言う。「面白そう！　わたしも行く！」とガリについていくことにした。ロッククライミングさながらの大きな岩をよじ登っていくと、ちょうど岩が平らになった見晴らしのいい場所に出た。

夕日が沈みかけていて、空が濃いオレンジ色に染まっている。「うわぁ！」と思わず声が出る。ずっと遠くまで大きな岩々と森が広がっている。すごく綺麗な景色だった。そのうちに、ガリがそこにやってくるのをすでに知っている人たちが次々と集まってきた。黒人の人も白人の人もアジア人もいた。地元の子どもたちもいる。みんなそれぞれ適当に楽器を弾いたり、踊ったり、歌ったりしていた。夕日が沈むにつれて、空は燃えるような赤になっていた。ガリが自分で作詞作曲した「ハンピはいいところ」という題名の曲をみんなで歌った。本当に、ハンピっていいところだなぁ。

そんなふうにしてハンピ滞在の日々は過ぎていった。ガリと他の旅行者と湖に泳ぎに行ったり、暑くて寝られない日は、みんなで夜に岩の上に登ってそこで寝たりした。

原付バイクをレンタルしてドライブしていると、畑作業の合間に木陰で昼食を取っている地元の人に呼び止められ、カレーをご馳走になったりした。インドに来る前は怖い話ばかり聞いていたけど、実際来てみるとなんと優しい人の多いこと。

ハンピを発つ前日、ガリが「近くの村に遊びに行くけどルルも行かないか？」と誘ってくれた。彼の原付バイクに二人乗りして、土のデコボコ道を走って行く。途中、小さなオンボロ小屋のような、インド版コンビニエンスストアに立ち寄った。お菓子や、飲み物、ほんの少しの日用品が申し訳程度に売られている。

すると何を思ったか、ガリは自分のお金をはたいて、キャンディーを２００個も買ったのだ。「どうしてそんなに!?」と私が驚いていると、「今から村の子どもたちに配るんだよ」と笑って、それを全部わたしに渡した。そこからしばらく走ると、いよいよ、民家がまばらにあるだけの村にたどり着いた。

子どもたちがバイクの音を聞きつけて、一体誰が来たのだろうと、民家の影からチラチラ顔を出している。ガリはそんな子どもたちに「飴をあげるからこっちにおいで」と笑って声をかけ、わたしに「あの子たちに飴をあげてくれ」と言うのだった。


言われるがままわたしが、200個のキャンディーの中から1つを差し出すと、子どもたちは喜んで受けとった。するとガリが「ルルにありがとうと言うんだよ」と子どもたちに言うのだ。わたしは何もしていないのに……。そんなことをわたしたちは、その日キャンディーがなくなるまで続けた。子どもたちは1粒のキャンディーに大喜びだった。ガリが樹の下に子どもたちを集めて、輪になって座り、「学校で習った歌を歌ってごらん」と言うと、女の子たちは家に急いで教科書を取りに行き、恥ずかしそうに歌を歌った。ガリが持ってきたギターを弾き始めると、村の大人たちも集まってきて、人だかりができた。わたしは、衝撃を受けた。これは、自分には作れない光景だと思った。

帰り道ガリに、なぜこういうことをしているのか聞いてみた。すると、「インドってまだまだ男性社会で、村の女性や子どもは男の人を怖がったりするんだ。だから、怖くないよってことを分かってもらおうと思ってやっているんだよ。それに、僕は子どもが好きだから喜んでもらいたい。もう6年位こうやって、たまに村へ行ってはお菓子を配っているよ」と言われた。またも衝撃。なんて人だ。人に親切にすること、損得を考えず、人を喜ばすことに力を注いで、それでいて彼も心から喜んでいる。

ガリの言葉にわたしはその日、宿に帰ってからもいろいろ考えさせられた。きっと彼だって、特別お金に余裕があるわけではないと思う。こんな人里離れた秘境で、楽器屋なんかやっていて一体月にいくら儲かると言うのだ。わたしのほうがよっぽど、日本で働いて、こうやって旅行に出る資金も貯められて、キャンディーを２００個買うくらいのお金、余裕で出せるはずなのだ。でもそんな考え、少しも思いつけなかった。わたしって考えや価値観が小さいなぁ……と自分に失望した。

世の中には、お金がなくても、こんなに心が豊かな人がたくさんいる。こうして旅に出て、せっかく彼のような素晴らしい人に出会ったのだから、自分もそうなろうと思わなきゃ、出会った意味がなくなる、と思った。優しい人に出会って、あの人は優しかったと言うのは誰でもできる。素晴らしいものを見せてくれて、ガリには本当に感謝している。

そのようにいろいろな人に会い、いろいろな経験をしつつ、たどり着いた南の町、コーチンで、わたしは人生初の一大決心をした。インドの港町であるコーチンで泊まっていた宿はとても賑わっていて、たくさんの旅行者がいた。その中でも仲良くなったドイツの女の子、リンダとある日おしゃべりしていると、「わたしこの町でタトゥーを入れようと思うの」と言う。

日本ではまだ怖いイメージの残るタトゥーだが、外国ではおしゃれの一部みたいな感じで気軽に入れている。実はわたしも、インドでタトゥーを入れてもいいかなとそのとき秘かに思っていた。だからリンダがそう言ったとき、少しドキッとした。

インドで出会った人たちがわたしにしてくれたように、人に与えることで、自分が幸せを感じるという心を絶対忘れたくないと思っていた。もうすぐインドを旅立つが、ずっと憧れていたインドにやっと来られて、そのインド2カ月の旅がこんなに素晴らしいものになったことを、だからなにかの形で残しておきたかった。

リンダに「実はわたしも……」というと彼女は喜んで、「じゃあ明日一緒にお店を探しましょうよ！」ということになった。翌日、2人で数軒のタトゥーショップを回り、一番信頼できそうな場所で、リンダは耳の後ろに小さな蓮の花のタトゥーを入れた。わたしはいざとなると怖気づいて、入れられなかった。しかしその翌日、一日中わたしは宿のベランダで悩んだ。いろいろ考えた。お父さんとお母さん怒るかな……おばあちゃんは絶対怒

右上：ハンピのお寺
左上：お寺のゾウ、ラクシュミにバナナをあげる
右下：写真を撮りたがるたった今、会ったばかりの家族と
左下：ガリのギターに合わせて歌を歌う子どもたち

るだろうな……とか。温泉は入れるかな……とか。そして悩みに悩んだ挙句、決心して、一人でお店に向かい、人生初のタトゥーを入れたのだ！

足首に小さく〝Giving hand〟（与えている手）を入れた。与えることを忘れないように。入れているとき、緊張して気持ちが高ぶっていたこともあるが、すごく痛かった。針の方を見るのが怖くて、手が小さく震えてしまい、わたしは終始両手で顔を覆っていた。

でも、こんなに痛い思いをして入れているんだから、インドで経験したことを忘れないようにしようと思った。人に与えること、それで幸せを感じていたインドの人たちのこと。時間にすれば10分ほどだったと思う。出来上がったよと言われ自分の足首に描かれた、その小さなタトゥーを見て、（あぁ、イメージ通りだ！）と嬉しくなった。

お会計は、締めて１０００円ナリ……。安っ！　帰り道、まだ少し赤く腫れている足首を立ち止まって何回も眺めた。旅に出る前、まさかこの自分がタトゥーを入れるなんて、誰が思っただろう。自分でも信じられない。まったく、とんでもないことをしてしまった。でも、周りに何と言われようと、入れたいから入れるのだ！と決断できてよかった。最後にいい思い出もできたし、そろそろインドを旅立つかな。インドのみなさん、ありがとう！インドという国を大好きにさせてくれてありがとう！　わたし、インド大好き！　絶対、また来るね！

5 「一夫多妻制」に衝撃——モルディブ

インドのマドゥライからスリランカの首都、コロンボに飛んだ。インドの次はスリランカ、と決めていたのだ。しかしここでまた、予定していなかったことが割り込んできた。スリランカに到着し、市内に向かうバスの中で、隣に座ったバックパッカーの男の子（たしかイタリア人）と話していると、「スリランカに来たならモルディブにも行ったほうがいいよ。なんたってチケットがめちゃくちゃ安いんだから」と言う。

モルディブ？　あの海のきれいなモルディブ？ってどこだっけ？と調べてみるとスリランカの斜め下にたくさんある島々がそれだった。ハネムーンリゾートで水上コテージがあり、ポストカードの写真のような青い海に白い砂浜……日本からだといくらするだろう。きっとわたしには、手も足も出ない値段だろう。でも、今ならそのモルディブに、なんと一万円ほどで行けるというのだ。

これは迷った。「限定」とか、「タイムサービス」とか、そういうものを目の前にしたときの心境だ（このチャンスを逃したら、もしかしてモルディブなんて一生行かないかもしれない……どうしよう。行く？　行っちゃう？……わたし、日本で一生懸命働いたし、いいよね？　一万円だし……せっかくの旅なんだから、たまには贅沢しても、いい……よね？）。

迷った挙句、ええい！行ってしまえ！と、わたしはスリランカに着いて早々、数日後に空港へ逆戻りしてモルディブの首都、マレに飛んだのだった。

スリランカからモルディブはすぐ着いた。飛行機の窓から見える海は、それはもうどこまでも水色で、こんなきれいな海が世界にはあるのかと、感動した。

モルディブは1000を超える島々からなっていて、他の水上コテージなどがある島へ渡るには、また飛行機に乗らねばならず、しかも2万、3万するという。スリランカからここへ来るよりも高いのだ。わたしは他の島へは行かず、空港のある島で過ごすことにした。到着してまずは、宿を探す。

タクシードライバーに「とにかく安いところでお願いいたします」と頼み、連れて行ってもらった宿の値段を聞くとなんと、8000円だと言う。は、8000円⁉ わたしは愕然とした。宿代のことを考えていなかったのだ。スリランカでは数百円だったのが、モルディブでは、これだ。読みが甘かった……。ここはリゾートなのだから、インドやスリランカのようなボロくて汚い安宿なんてないのだ。わたしは値切った。もう出来る限り、渾身の力を込めて、お願いしまくった。そしたら5000円まで安くなった。「こんな値段にしたのは、あんたが初めてだ」と宿のおじさんはふて腐れていた。5000円か……しかたない、5000円でも高いけど、ここに決めよう。

部屋に案内されると、それはもう今まで泊まってきた宿とは比べ物にならないほど、綺麗だった（もういいや、お金のことは忘れて、この数日間はリゾート気分を味わおうじゃないか！）。早速水着に着替え、ビーチへ向かう。外は太陽の強い日差しで眩しく、肌がじりじり焼けるのがわかる。絵に描いたような空と海と砂浜。飛行機の中にいるときから、見渡す限りの水色の海に早く飛び込みたくてウズウズしていた。

わたしは泳ぐことより、水の中を見るのが好きなので、海に行くときは絶対に自分のゴーグルを持っていっていた。透き通る水の中へ歩いていくと、ちょうどいい冷たさで気持ちいい。ゴーグルを付けて、ドボン！と潜ってみると、（ひゃー！　きれい！）海底の砂が白く、そこに太陽の光が反射し、海の中が明るいのだ。その中をたまに横切る白い魚のうろこが、泳ぐたびキラリキラリと光る。綺麗すぎてプールの中のようだった。この旅行中は、日焼けのことは気にせず、思い切り太陽を浴びようと思っていた。力を抜いて海に浮かぶと、波のチャプチャプいう音が耳に聞こえて、気持ちいい。全身に太陽があたって肌が焼けるのがわかる。よく、大自然を見て「自分の存在がちっぽけに感じました」などと言う人がいるが、そのときがまさにそれだった。自分って小さいなぁ、と海に浮かびながら思った。

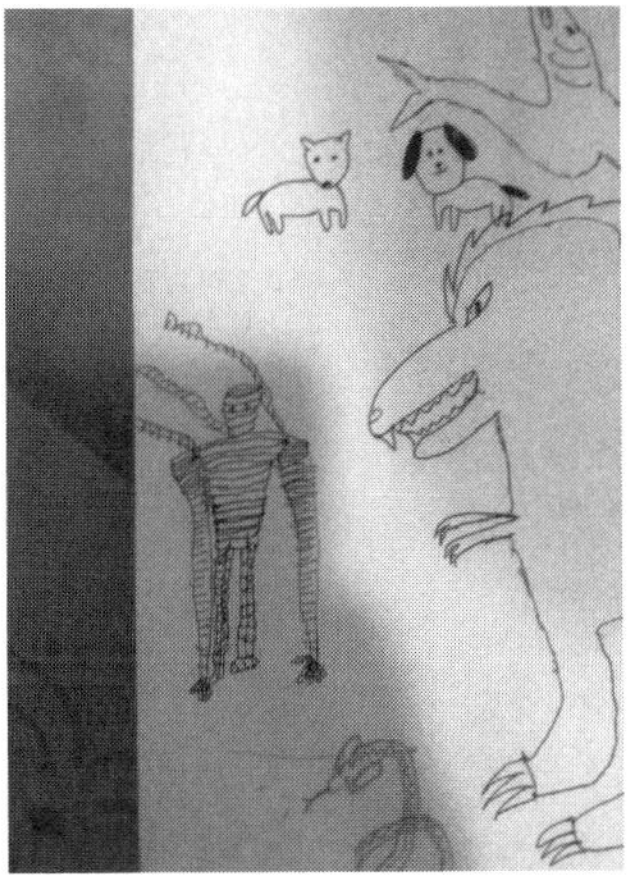

右上：モルディブで泊まった宿から見た景色
左上：人懐っこい子どもたち
左下：現地の子どもたちが描いた絵

泊まっていた宿の周りには特に何もなかったので、とにかく毎日ひたすら泳いだ。

ある朝、海に浸かっていると地元の家族が話しかけてきた。タテもヨコも大きなお父さん、優しそうなお母さんに小さい男の子と女の子。話していると、「せっかくだからうちに昼ごはんを食べに来ない？」と言ってくれるので、お邪魔することにした。彼らの家は3階建てで、お父さんは弁護士だった。3階まで上がる途中、1階の部屋にも、2階の部屋にも、それぞれ違う女性がいるのがチラッと見えた。3階で、お母さんが作ってくれたごはんとカレーを頂き、わたしは子どもたち4人と一緒に絵を描いて遊んでいた。すると先ほど2階で見た女性が部屋に入ってきて、2人の子どもを連れて行った。わたしは気になって「あの人は？」と聞くと、第二夫人だという。第二夫人！　なるほど！　モルディブって（というか、イスラム教って）一夫多妻制だったけ！

モルディブの町中で見かける女性は、ヒジャブ（頭を覆っている布）をかぶっている人が多かったので、この国がイスラム教というのは分かっていた。しかし一夫多妻制の家族のお家にお邪魔するのは生まれて初めてだったので、わたしは「あぁ、第二夫人ですか～」と平静を装いながらも、心の中では衝撃を受けていた。この家には1階に第一夫人、2階に第二夫人、3階には一番若い第三夫人が住んでいるという。なんだか日本の感覚だと馴染みがなさすぎて、奥さんたちいくらなんでも同じ屋根の下って嫌じゃないのかな？　ヤキモチ焼かないのかな？とかいろいろ考えてしまった。

その家族の家にはその後も何度かお邪魔して、子どもたちとよく絵を描いて遊んだ。3階で遊んでいると、第二夫人の子どもも上がってきて、一緒に遊んだりした。それがなんだかわたしをほっとさせた（とりあえず子ども同士は仲良しみたいでよかった）。

国によって、宗教によって、暮らしって違うなぁ、とまた勉強させてもらった。4日ほどモルディブに滞在し、わたしはまたスリランカに戻った。

今まで泳いだ海の中で、ダントツ一番綺麗だったモルディブ。うん、来てよかった！

6

大自然と冒険——スリランカ

モルディブからスリランカに戻ってきた。そもそもなぜスリランカに来ようと思ったかというと、わたしが住んでいる名古屋に、かつてとても美味しいスリランカカレーを出すお店があった。ビルの地下一階で、カウンター8席ほどしかない小さなお店だったけど、いつもカレーファンで混んでいた。油を使わず、野菜と果物とスパイスのみで作るそのカレーは、ほんとに美味しくて、わたしもよく通っていた。オーナーはずっとスリランカでカレーの修行をしていたそうで、わたしもいつか本場のスリランカカレーを食べたい！と思ったのが、スリランカに行こうと思った理由だった。

だからスリランカでこれを見たいだとか、ここに行きたいというのは正直特になかった。毎日美味しいスリランカカレーさえ食べられればよかった。空港から市内に入り、宿まで歩いているとき、1軒の小さな食堂のような店が目に留まった。ちょうどお昼どきだったし、お腹も空いている。とりあえず何か食べていこう、とその小さなお店に入った。お店の大きなテーブルに、野菜炒めのようなおかずや赤いカレー、黄色いカレー、チキンの煮込んだようなものなどが全部で8種類並んでいて、自分で4種類選ぶシステムだった。

わたしは適当に辛くなさそうなものを4つ選んだ。今まで2カ月間、インドカレーを食べ続けてきたし、多少違うものが食べたかった。席につくと、お皿に山盛りに盛られたごはんと、その上に4種類のおかずが4等分で乗っているものが運ばれてきた。さてさて、お味はと一口食べると、目が真ん丸になった（なにこれ！　すっごく美味しい！）。

インドのカレーとはまた違った、少し甘辛いような味付けのチキンに、優しい味の豆カレー、久しぶりの緑の野菜の炒め物。どれも全部美味しかった。やっぱり本場は裏切らない！　しかし正直に言えば、そのレストランを超えるカレーはスリランカの旅行中に出会えなかった。初めて食べたそのお店が群を抜いてダントツで美味しかったのだ。

スリランカでは街を歩いたり、モスクに行ってみたり、これということもなくなんとなく毎日が過ぎていった。そんなある日、わたしはエラという町から、海が綺麗だというアルガンベイという町に移動することにした。

早朝、バス停でバスを待っていると、トゥクトゥクのおじさんがやって来て、「あんたはどこに行くんだ？」と聞いてくる。「アルガンベイ」と答えると、俺もちょうどアルガンベイの実家に帰るので一緒に乗せていけると言ってきた。そうやって客引きしてくるドライバーは今までもたくさんいたので、その手にはのらないぞと思いながら念のため値段を聞くと、めちゃくちゃ安い。たぶんおじさんは本当にアルガンベイに帰るのだ。バスを乗り継ぐのも億劫だったので、絶対ぼったくらないでね！と念を押して、そのおじさんにお願いすることにした。

トゥクトゥクに乗ってしばらく走っていると、アスファルトの道から舗装されていない土の道を走り始めた。両側には草や木が生い茂っていて、たまに野生のクジャクがいたりする。するとおじさんのトゥクトゥクが突然停まった。なんだろうと思っている隙もなく、おじさんが後ろを振り向き、「Get out！get out！」と言ってきた。と、同時に、すごい勢いでおじさんはトゥクトゥクから飛び降りて一目散に逃げ出した。わけが分からず、とにかくわたしもおじさんに続いて降りた。

焦った様子のおじさんが見つめる先を見ると、停車したトゥクトゥクの前に、鮮やかな緑色の蛇が頭を高く持ち上げてこっちを見ている。その頭を左右にゆらゆら揺らしている様子はどうやらわたしたちを威嚇しているみたいだ。

おじさんが「あの蛇は猛毒で噛まれたら死ぬ」みたいなことを必死な顔で言っている。そ、そんな危ない蛇なんだ！　だからおじさん、こんな焦っているのね。おじさんはだいぶ離れたとこから石や木の枝などを投げたりしている。頑張れおじさん！　蛇に負けるな！　そんな努力の甲斐あり、蛇は草の中に去っていった。わたしたちは2人で顔を見合わせて、ホッと胸をなでおろした。

こういうハプニングがあると、ここは日本じゃないなぁと改めて実感する。結局、そのハプニングのおかげでおじさんとも打ち解けて、その後はのんびり昼ごはんを食べたり、疲れたらお茶を飲んだり、実家に果物を買っていきたいとおじさんが言い、市場によって大きなドリアンを買ったりしながら、丸一日かけてアルガンベイに到着した。乗っていただけではあるが、クタクタに疲れた。すぐに目星をつけていた宿に行ってみると、ちょうど安い部屋が空いていた。一泊３００円の女の子の相部屋。

その部屋に決め、チェックインをしたらフラフラと自分のベッドに倒れ込んだ。スリランカのジリジリと暑い日差しの中、ガタガタ揺れるトゥクトゥクから振り落とされないようにしがみついているのも結構疲れるのだ。シャワーは明日にして、今日はこのまま寝てしまおうと思った。

だが、ここでまた問題発生。安いだけあって、狭い部屋には窓が１つもない。そのため空気がこもって、部屋の中はまぁ暑いのだ。疲れているのに暑すぎて全然寝られない。どう我慢しようとしても、暑くて、不快で寝られない。仕方なくわたしは外に涼みに行った。時間は夜の10時過ぎ。宿の近くの砂浜を歩いていたら、海からのいい風が吹いていて、外の方がよっぽど涼しかった。

街灯なんかはなくあたりは真っ暗で、目の前にある海から寄せてくる波の音しかしない。

ふと見上げてみると、思わず「うわー」と声が出てしまった。すごい数の星が、頭上いっぱいに輝いていた。それはもう、おびただしいほどの一面の星空だった。月も出ていない夜だったので、星の光ひとつひとつがことさら力強く光っていた。わたしはあまりに沢山の星を目の前にして、しばらく口を開けたまま見とれた。とにかく、すごい星の数なのだ。空が星で埋め尽くされている。上から降ってくる星のパワーは、腰が抜けるくらいすごかった。

そして、わたしは思いついてしまったのだ。素晴らしいアイデアを！　急いで宿に帰ると、自分のベッドの枕と、タオルケットだけつかんで、また外に飛び出した（そうだ、海岸で寝ればいいんだ！　そしたら寝ながら星も見られるし、涼しいし！）。わたしは砂浜に戻ると、タオルケットを敷き、そこに枕を置いて寝転がった。砂に、日中の太陽の熱がまだ少し残っていてかすかに暖かい。背中がぽかぽか心地よくて眼をつぶると、一瞬で寝てしまいそうだった。

あたりにはもちろん誰もいない。そして空には、満天の星！　すごい！（あ、流れ星……あ、また！）その夜、何回も流れ星を見た。まさに自然のプラネタリウムだ。贅沢だなぁ。そう思うと、寝るのがもったいなくて、寝そうになっては、いかんいかんと目を開き、星空を眺め、またウトウトして……の繰り返しだった。途中、野犬が2匹寄ってきてびっくりしたけれど、隣に座って一緒に寝ていた。結局、そんなふうに夜は更けていった。

朝は朝で、圧巻の景色！　目の前の水平線から昇ってくる太陽といったら、それは素晴らしかった！　真っ暗だった空が、だんだん深い紺色から、濃い青に変わり、水色に変わり、朝日が昇るにつれて、空全体がオレンジ色に照らされていく。そしてついに水平線から太陽が顔を出したときのピカーっ！という眩しい光は、それだけで嬉しくなってしまうほどだった。太陽ってすごい。太陽ありがとう！　眠たいけど、なんていい一日の始まり！

そんな感じでわたしのアルガンベイの滞在一日目は幕を開けた。


宿に帰ると他の宿泊客も起きてきて、庭のテーブルで朝ごはんを食べていた。その中にアジア系の女の子がいた。なんとなく向こうもこちらを気にしているのがわかったので、「Good morning」と話しかけてみると、ニコっと笑って近寄ってきた。彼女の名前はジョイ。台湾人で彼女もまたアジアを旅行中だった。話すと面白くて自由な彼女とわたしは、すぐ打ち解けた。旅行をしていると、国も違うし初めて会ったのに、ずっと前から友だちみたいな人がいる。ジョイとはまさにそんな感じだった。

わたしたちはその日から、ずっと一緒にいた。起きたら一緒に朝ごはんを食べ、海に泳ぎに行って、砂浜で寝っ転がって砂まるけになり、一人しか入れない狭いシャワールームに2人で入り、一緒に昼寝して、起きたらお気に入りの10円のアイスキャンディーを買いに散歩にでかけ、夜は宿のみんなでごはんを食べに行ったり、砂浜でビールを飲んだりした。恋愛の話、仕事の話、将来の話など、たくさん話した。そうやってアルガンベイでは、心がのびのびして、何をするでもないけれど気持ちのいい毎日を送った。人と接することや、話をすることがこんなに楽しくて、人と仲良くなっていくのが嬉しくて、この場所を離れたあとでも、きっと自分のことを友だちと思ってくれる人たちが、世界中にたくさんできた。それだけで旅に出てよかったと思う。

アルガンベイでの日々も何日か過ぎたとき、ジョイが、スリランカの上の方のトリンコマリという町に一緒に行こうよと言った。「今の季節、アルガンベイより海がいいんだって!」と。わたしは例によってノープランだったので、よし、行こうか!ということになった。すると、同じ宿のイラク人の男の子もちょうどトリンコマリに行くということだった。こういうときは女2人より男性がいてくれたほうが心強い。わたしたちは3人で、バスとトゥクトゥクを乗り継ぎながら、移動した。

トリンコマリは、見た感じアルガンベイよりも田舎で、お店や宿もまばらにしかない。宿を探すのも大変そうだったので、トゥクトゥクのドライバーが連れて行ってくれたビーチ近くの宿で値段交渉をし、結局私たち3人は同じ部屋に泊まることにした。大きなベッドが2つの部屋。わたしとジョイが2人で1つのベッドに、そのかわりイラク人が少しだけ多く払ってくれるということで、話がまとまった。

こう言うと、「知らない人と同じ部屋で大丈夫なの？」と言われることが多いが、そのへんはちゃんと、この人は大丈夫かどうか見極めているつもりだし、案外ドミトリー（大部屋）に泊まるにしても、こういうケースにしても、向こうが「着替えるときはぼくが出ていくから言ってね」と気を使ってくれることも多い。大部屋に泊まって危ない目にあったことは、ただの一度もない。たまにいびきのうるさい男の子が一緒の部屋だと寝られなくて困るが、いろいろな国の人が、一緒に同じ部屋で寝泊まりするという非日常もまた、旅をしている感じがしてわたしは個室よりドミトリーが好きなのだ。

さて、わたしは旅に出る前、沖縄まで行ってスキューバダイビングのライセンスを取っていた。それは以前、そのライセンスがないと潜れない海があると聞いたからだ。実はトリンコマリも有名なダイビングスポットらしく、それならぜひ潜りたいと思っていた。ダイビングショップに行くと、ライセンスがあるなら海の中の洞窟の方に連れて行ってあげられると言われた。やった！　洞窟！　行きたい行きたい！　わたしは昔から、冒険的なことが好きなのだ。ジョイも誘ったが、「わたしはウィンドサーフィンをやりたい」と言ってそっちを申し込んでいた。

次の日の朝、ダイビングショップに行くとわたし用のウェットスーツとタンクが準備されている。一緒に潜ってくれるインストラクターは真っ黒に日に焼けて、背が高くてガリガリの、チェランという青年だった。一通り説明を受けた後で、ボートに乗って沖のダイビングスポットへ向かう。小さな小型ボートが、水色に透き通る海をぐんぐん飛ばして進んでいく。しばらくして着いた場所は、なんと断崖絶壁、高い崖の真下だった。目の前には荒々しくそびえ立つ岩の壁。

「ほんとにここに潜るの？」と驚くわたし。すると「ここの海の中はすごいんだぜ」と笑うチェラン。言われるがままタンクを背負って、ボートの縁に腰掛け、背中から海に倒れ込む。ドボン！　自分の視界が細かい泡で見えなくなり、それが徐々に消えていくと……完全な別世界！　青く透き通った海の中を泳ぐ、赤や黄色、青やピンクのカラフルな魚たち。

まだ水の中になれず、上手く泳げていないわたしの脇を何匹もの魚が通りすぎていく。チェランに手を引かれどんどん深く潜っていくにつれ、海の青がだんだんと濃くなっていく。耳には自分の呼吸の音しか聞こえない。するとチェランが何かを指差している。

見てみると、なんとそこには大きなガネーシャの銅像があるではないか！　さらによく見ると、そこにはシヴァやクリシュナといったヒンドゥーの神様の石像が、いくつも海底に沈んでいるのだ。その石像の間を優雅に泳ぐ、色とりどりの魚たちのなんと幻想的なこと。夢の中の景色のようだった。

あとで教えてもらったが、実は崖の上にはヒンドゥー教の古いお寺が建っていたそうで、そのお寺がイスラム教徒によって壊されたとき、いくつかの石像がこの海の中に落っこちたそうだ。なるほど、だからここにヒンドゥーの神様たちがいるわけだ。ここはたしかに、他とはちょっと違うダイビングスポットだ。

チェランはハリセンボンを膨らませたり、きれいなイソギンチャクを触ったり、珍しい魚を見つけると、指さしたりしながら洞窟を通り抜け、サンゴ礁の合間を泳いだ。崖の下にはきれいなサンゴがあって、魚もたくさんいた。それだけでも素晴らしいのに、最後にウミガメに遭遇したときは、思わず拍手して喜んでしまった。

時間が来て、海の上へゆっくり上がっていく。海面が近づき、ザバッと顔を上げた瞬間、今まで目の前にいた魚たちは1匹残らずいなくなってしまう。ボートに上がり、水面を見下ろしてこの下にはあんな綺麗な世界があるんだなぁと、もう懐かしく感じる。

岸に帰るボートの中でチェランがダイビング中に見つけた魚の説明をいろいろしてくれた。最後のウミガメはラッキーだったね、と。

宿に戻るとちょうどジョイがいたので、2人でお昼ごはんを食べに行くことにする。両側に鬱蒼《うっそう》と木々が生い茂る道をぶらぶら歩いて、近くの屋台で焼きそばを細かく刻んだような料理を食べる。帰り道にまたアイスを買って、ビーチのヤシの木に吊るしてあるハンモックで午後を過ごす。

そんな感じで、結局ジョイとは、スリランカ滞在の最後の日まで一緒にいた。駅で別れるとき、「私たちは（台湾と日本）、近いんだからすぐまた会おうね！」と言って別れた。

旅を終えて、日本に帰ってからも、ジョイからたまに台湾のお菓子や地元の写真が送られてくる。また彼女の笑顔を見に行きたいと、台湾への格安航空券をよくチェックしている。

右上：トゥクトゥク運転初体験
左上：アルガンベイまで行く途中でドリアンを買うトゥクトゥクのおじさん
右下：インストラクターのチェランとジョイ

7

絵の師匠に出会う――トルコ

ジョイと別れたあと、スリランカの首都コロンボに戻ってきて、そこから飛行機に乗り、トルコへ飛んだ。ついにアジアの旅、終了！　これからはトルコからヨーロッパへと入っていく予定だ。

イスタンブール市内に着いたのは夜だった。久しぶりのフライトで疲れて、お腹も空いていた。とりあえず近くにあった食堂のような店に入る。そこは日本でもよくあるうどんチェーン店のようなシステムで、トレーをカウンターにそってスライドしていきながら、カウンターの向こうにあるいろいろな種類の料理を注文し、受け取り、最後にお会計をするシステムだった。駅前ということもあり、人で賑わっている。

トルコ語は話せないので、適当に美味しそうなものを指差して注文した。野菜とお肉を炒めたようなものに、クリームシチュー。思えばネパール〜インド〜スリランカで約４カ月間、ほとんど毎日カレーを食べ続けていた。いくら美味しいとはいえ、そろそろわたしの胃は、他の味が食べたかった。だから久しぶりのガラムマサラ味じゃない食事に、心が踊った。

テーブルにはパンが大きなタッパーに入ってたくさん置いてあり、好きなだけ食べていいようだった。店内は満席だったので、外の暗いテラス席で食べることにする。久々のスパイシーではない料理！　一口食べると、あぁ、美味しい！　優しい味だ。こういうの、しばらく食べてなかったなぁ。思えばこんなテーブルロールのようなパンだって食べてなかった。

インドの人も一度クリームシチューというものを食べてほしい。世の中にはカレー以外にもいろいろな食べ物があるのだ。そんなことを思いながら一人で黙々と食べていると、向かいの席でチラッと何かが動いた。あれ？と思って見てみると、ヒョコッとネコが顔を出した。そしてわたしのごはんをジーっと見ている。あたりを見るとあっちにもネコ、こっちにもネコ。みんな可愛い顔して、ごはんのおこぼれを待っている。わたしは、向かいの席にネコがいてくれることが一人ぼっちではない感じがして、嬉しかった。お腹がいっぱいになったところで、事前に調べておいた近くの安宿にチェックインして、ベッドに寝転がったら、もうベッドから体がはなれられなくなって、そのまま寝てしまった。

次の日の朝、明るい光で目が覚めた。外はいい天気みたいだ。街を散策しに行こうと宿を出たところに、おじさん10人ほどが道でたむろしていた。どうやら隣のカフェから溢れた人らしい。外に椅子を出して、朝っぱらからチェスなんかをしている。まったく、朝からそんな呑気なことをしているおじさんなんて、絶対面白いに決まっているじゃないの！ということで、トルコ語で「メルハバ！（こんにちは）」と笑顔で話しかけた。

するとと見慣れないアジア人が話しかけてきたということで、おじさんたちもなんだなんだと騒ぎ出した。みんなわたしに椅子を指差して座れという。英語で少し話しかけてみたけれど、全く通じなかったので、適当に日本語と英語を混ぜながら話した。すると一人のおじさんが「ちょっと待ってろ!」というようなジェスチャーをして一目散に何処かへ走っていってしまった。

わたしは他のおじさんと話したり、チェスを覗いたりしてのんびりしていたが、そろそろ街歩きに出かけようかと思い、腰を上げたそのとき、さっきの走っていったおじさんがまたも走って戻ってきた。手には大きな茶色い紙袋を持っていて、「ポーチャ!　ポーチャ!」と言って、それをわたしに差し出した。なんだ?と思って袋を開けてみると、焼き立てホッカホカの美味しそうなパンがたくさん入っていた。どうやらそのパンのことをポーチャと言うらしく、わたしのためにわざわざ買ってきてくれたのだった。

あとで知ったけど、そのポーチャも、わざわざ有名なパン屋さんで買ってきてくれたようだった。おじさん優しい。おじさんありがとう。もう一度座り直しみんなでポーチャを食べた。中にはカッテージチーズのようなものが入っていて、割ると熱々で湯気が出た。少し甘くてふわふわ柔らかい。「これすっごい美味しい!」と日本語でいうと、みんな「そうだろ〜」というような顔でニコニコしていた。言葉がわからなくても美味しいときの顔は万国共通なのだ。

その日から顔見知りになったわたしたちは、毎朝、宿を出ると、隣のカフェにおじさんたちが待ち構えているので、「おはよ〜」とかいいながら、なんとなくおじさんの中に入っていき、おしゃべりして、どこかのおじさんが朝ごはんをもってきてくれて、みんなで一緒に食べるというのが日課になった。

おじさんたちは、代わる代わる毎日おごってくれた。オリーブとチーズ、パンにはちみつをつけて、トルコティーを飲みながら、毎朝のんびり朝ごはんを食べる。他の宿泊客に、「あのおじさんたち怖くないの？」と言われたが、あんなに可愛く笑うおじさんのどこが怖いのだ、と思った。人って、顔やしぐさや目をよーく見れば、言葉がわからなくても、意外とわかるものだとわたしは思っている。

おじさんたちとの朝ごはんが終わると、毎日イスタンブールの街を散策した。ヨーロッパ調の街並みを歩いているだけでも楽しかったのだが、ある日、ついにわたしのパラダイスを見つけてしまった。

そこはアンティークや骨董品のお店ばかりが集まった一角で、どのお店も雰囲気があって抜群に可愛かった。名古屋でも一人で骨董市などに出かけるくらい古い物好きなわたしは、もう目がハートになって大興奮した。だって、ヨーロッパのアンティーク品もアジアのアンティーク品も、両方あるのだ。さすがアジアとヨーロッパを結ぶ境目の国！　あぁ、このレトロなお鍋、ほしい。この木彫りの椅子もほしい。でもバックパックには入らないよなぁ。などと買えもしないのに真剣に悩む。

するといろいろな店が立ち並ぶ中に、なにやら倉庫のような建物を発見した。もしかしたら大きいアンティーク家具なんかを売っているのかな……と思った私はズカズカと入っていった。入口から倉庫に続く道が細く、薄暗い。なんだかお店ではないようだな……と薄々気づきながらも、好奇心が止められず、そのまま進んでいくと、倉庫の中に入った。天窓から明るい光が入り、部屋の中が照らされている。

そして、わたしはびっくりしてしまった。なんとそこには壁4面、大きなキャンバスに描かれた絵がいたるところにびっしりと飾られていたのだ。2m位の高さの絵もある。いきなりたくさんの絵に囲まれたわたしはびっくりして立ち尽くしてしまった。

すると、奥から一人のおじいさんがひょこひょこと現れた。足を引きずっている。「決して怪しいものではありません」と笑顔で話しかけてみたが、お互い言葉が通じないので何を言っているか全然わからない。

わたしが絵を指差して「これ、おじいさんが描いたの？」と聞くと、ウンウンと頷いている。「すごい！　めちゃくちゃステキじゃん！」と言うと、ウンウンありがとうと言うような感じで、ニコニコ笑ってくれた。どうやらそのへんは通じたみたいだ。そこにあった絵は、本当にカラフルで、大胆で、生き生きとしていてすごくわたしの好きなタイプの絵だった。「わたしもね、絵を描くのが好きでね」とケータイの中の、今までいろいろな国で少しずつ描いていた、風景画やイラストの写真をおじいさんに見せた。するとおじいさんは笑顔で親指を立てて何回も「いいね〜」と言ってくれた。こんなステキな画家に褒められたことがとても嬉しかった。

するとおじいさんが乱雑においてあるキャンバスの中から、新品の真っ白なキャンバスを取り出してきて、透明のビニールをビリビリと破った。わたしがあっけにとられていると、おじいさんは、手でペンを持って何かを描くようなしぐさをして、わたしを指差した。「わたしが!?」と自分を指差すと、笑顔でおじいさんは床を何回も指差した（あ！　ここで、このキャンバスに絵を描いていいよってことなんだ!!）。

それがわたしと画家のおじいさん、アブニとの出会いだった。わたしは今でもアブニを師匠だと思っている。何かを教わったわけではないが、アブニに出会わなかったら絵を描いていないかもしれないと思う。まさに運命の出会いだ。

それからわたしは、トルコを旅立つまで、毎日アブニのアトリエに通っては絵を描いた。キャンバスに描くのも、アクリル絵の具を使うことも初めてだったので、なかなか上手くいかず、わたしの記念すべき第1作目はなんだかヘンテコな、猫の絵だった。でもアブニはすごく褒めてくれた。申し訳なくなるくらい褒めてくれて、そしてまたキャンバスを持ってきて、ビニールを破って差し出すのだった。なんでこんなに優しいんだろう。そう聞けたらいいのだが、なんせ言葉が通じない。だからありがとうと何回も言うくらいしかできない。わたしがキャンバスに向かってしかめっ面して描いていると、「休憩しよう」といって、わたしを外に連れ出して、よくトルコティーをごちそうしてくれた。

トルコではみんなそのへんで、立ったり座ったりしながら一杯100円ほどの小さなグラスに入った温かい紅茶をよく飲んでいる。トルコはアジアとヨーロッパの境目の国だが、トルコを過ぎてヨーロッパに入ってからは、このように気軽に道端や階段に座って〝ちょっとお茶を飲む〟というものがなくなった気がする。ヨーロッパのお茶文化はもっとラグジュアリーで、ちゃんとカフェに入っておしゃれに飲む感じ。だからときどき、ネパールやインドの甘ーいチャイや、スリランカで飲んだ屋台のレモンティーや、トルコの小さいグラスに入った熱々のアップルティーなんかがとても恋しくなる。

ある日いつものようにアブニの倉庫で絵を描いていると、女の人がやってきた。英語が話せるようなのでお互い自己紹介する。彼女の名前はディラン。ここイスタンブールでアーティストとして活動していて、たまにこのアブニのアトリエに遊びに来るそうだ。気さくで優しいディランともすぐ仲よくなった。

「ルルの履いているスカート、可愛いわね」と、ある日ディランに言われた。黒地に白と緑の小さな花柄のスカート。実はそれは、街を歩いているときに拾ったものだった。と言うと、なんと貧乏な！と思うかもしれないが、イスタンブールの街を歩いていると、ダンボールの箱が家先においてあり、「ご自由にどうぞ」と、いらないものが入れてあり、自由にもらっていいようになっている。わたしみたいな貧乏旅行者にとってはとってもありがたいのだ。それに考えてみればとってもエコだし。「このスカート、その中から見つけたの」とディランに話すと、「だったら今度ユダヤ人の人たちがやっているフリーマーケットに行きましょうよ。すごく安いの！」と誘ってくれた。

数日後、ディランと待ち合わせして、そのフリーマーケットに向かう。街中の大通りから一本裏路地に入り込むと、外からは見えなかったが、道の両側にずらーっと敷かれたシート。そしてその上には、山積みの服、靴、バッグ、家具、絵画、古道具、人形などなど、宝の山のような光景！ すごい、こんなにたくさん！ 興奮するディランとわたし。

「いい？ 言い値で買っちゃダメよ。わたし値切るから、ほしいのがあったら言ってね！」とディラン。こういう買い物って、わたしは大好きだ。本当に宝探しみたい！ わたしたちは、可愛い服や靴、アクセサリーなんかをその場で試着しながら、「それ似合う！」とか「これ可愛いわ」とか、買わずとも楽しんでいた。

店の人も何故かあまり商売っ気がなく、「それ、ほしいなら持ってっていいよ」とタダでくれることも何度かあった。わたしは白地に青い糸で花が刺繍されたハンカチと、また も花柄のスカートを、ディランは可愛いレトロなピアスと黄色いスカーフを買った。どちらも100円もしないくらい安かったが、「ルルにプレゼントしたい！」とディランが買ってくれた。十分楽しんだあとはカフェに行って、ディランの絵の仕事のこと、ヨガを習っていること、好きな人のこと、トルコという国の好きなところ、嫌いなところ、などコーヒーを飲みながらいろいろ話した。

ディランにも、ジョイと同じく昔から知っている友だちのような雰囲気があり「ホテル、

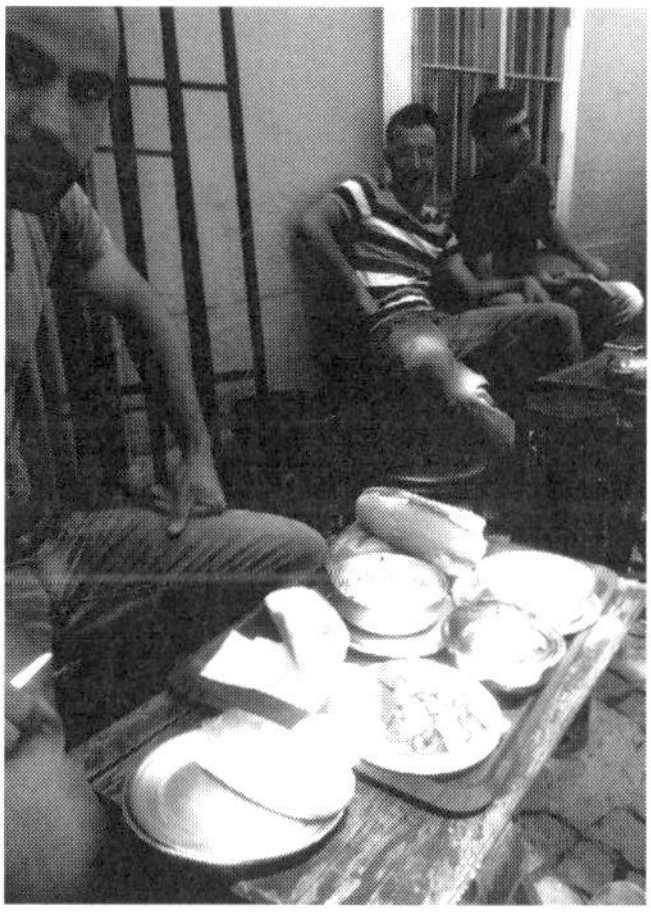

右上：運命の出会い！　絵の師匠アブニ
左上：現地の人たちと朝ごはんを食べる
右下：フリーマーケットで、緑のジャケットを試着するディラン
左下：トルコで描いていた猫の絵（右端）

チェックアウトして、うちに泊まっていきなさいよ」と言うので、イスタンブール滞在の最後の方は彼女のおうちにお世話になった。彼女の家族も例によって歓迎してくれて、豪華な朝ごはんを作ってくれたり、素敵なレストランに連れて行ってくれたりした。

わたしはますますトルコが好きになって、このままここに住んでしまいたいと思うくらいだった。旅は本当に、出会っては別れ、別れては出会いの連続だ。イスタンブール最後の日、ディランと一緒にアブニの倉庫に行くと、彼はわたしを抱きしめて「きみは孫だ（もしくは娘、もしくは家族。そのへんはわからない）」と言ってくれた。なんと言っているかわからなくても言いたいことはわかる。またいつでも来ていいよと。またこのアトリエで一緒に絵を描こうと言ってくれた。

わたしを本当の孫のように可愛がってくれて、思いっきり絵を描かせてくれて、トルコという国を大好きにさせてくれたアブニ。いつかまた会いに行くからね！　それまでどうか元気でいてね。空港まで送ってくれたディランとも、ぎゅっと強くハグをし、また絶対会いましょうねと何回も言い合って別れた。

旅の最中は、素敵な人に出会えば出会うほど、別れるときに切なくなるが、それもまた旅の醍醐味ってことだ！と自分に言い聞かせ、わたしはイタリア行きの飛行機に乗り込んだ。

8　テニスのプロ!?の家に――スイス

トルコからイタリアのローマまで、3時間弱のフライト、あっという間だ。飛行機の窓から外を眺めていたら、隣の席の男の人が話しかけてきた。彼の名前はジャン。スイス人でだいぶ大人っぽく見えたが、聞くとわたしと同い年だった。向こうも幼く見えるこのアジア人が、自分と同い年だと分かり驚いていた。

「なぜトルコに行っていたの？」と聞くので、旅をしているのと答える。「あなたは？」と聞くとテニスの試合だったという。なるほど、だからがっしりしていて背も高いのだ。実はわたし、中学、高校、大学とテニス部に所属していた。だからなんだか嬉しくなり「わたしもテニスやっていたのよ！」と言うと、彼がまさかのびっくりな一言。「そうなんだ！君は世界ランク何位なの？」……はい？　世界ランクって……そんなの持ってないんですけど。そんなレベルではないんですけど……。

聞いてみるとなんと彼、あのラファエル・ナダルやスタン・ワウリンカとも試合会場で練習したことがあるというのだ。ナダルやワウリンカなんてテニス界のトッププロである。

「えぇぇ！　うそ!?　すごいじゃん！」と飛行機の中で興奮するわたし。「もしスイスに来ることがあれば一緒にテニスをしよう！」と彼。いやいや嬉しいけど、たぶん相手にならないよ、わたし。「それにスイスは物価が高いから、今回は旅行できそうにないなぁ」と言うと「じゃあ僕の家に泊まりに来ればいいよ。パパとママがいるけど家は広いから、部屋はいくらでもあるし」と言う。

通常なら「ありがとう、じゃあいつかぜひ」と言って、この話はここで終わりそうだが、なんとわたしは飛行機で会っただけの彼の家に、本当に泊まりに行ったのだ！というのも彼の住んでいる町がイタリアの国境のすぐ側で、ミラノから彼の町まで、格安のバスを発見したのだ。そのお値段ジャスト１０００円。今はヨーロッパでも格安バスがたくさん運行している。

そしてもう１つは、彼の家の近くに、ネパールでホーリーに一緒に参加したリッチとレオも住んでいることがわかった。その距離車で20分ほど。宿泊するところはあるし、スイスへの交通費は安いし、友だちにもまとめて会える……行っちゃおうかなって感じで、イタリアを数日観光した後、予定外のスイス行きを決行した。バス停に迎えに来てくれたジャンは「まさか本当にくるとは思わなかったよ！」と笑っていた。

彼の家に行くと、家族３人で住んでいるそうだが、それにしてはひっくり返りそうなほど大きな家だった。真っ白の立派な家と、庭とプール。絵に描いたような大豪邸だ。わたしたちはプールサイドにビールを持ち込み、早速泳いだ。なんという贅沢。お昼はジャンのお母さんが作った料理や、生ハムやらワインやらが出てきた。スイスと言えばチョコレートだということで、有名なチョコレート屋さんに行って、一粒400円もするようなチョコを食べた。

それから車で山の上に登って、見晴らしの良いカフェでワインを飲んだりした。怖いくらいの贅沢だ。結局ジャンの家には1泊だけさせてもらい、次の日はリッチとレオの家に移動した。こちらも例により、家族のみなさんに温かく迎えられた。リッチもレオも再会をとても喜んでくれた。

お母さんはわたしをスーパーに連れて行き、どれでも好きなものを買いなさいと言ってくれた。バルコニーの大きなテーブルに、チーズやパン、たくさんのフルーツを並べて、豪華な朝食を準備してくれた。

スイスはとても綺麗で、自然豊かで、ごはんも美味しくて、街も人もスマートな感じがして申し分なかった。しかし実はどこかで、この国に馴染めないわたしがいるような気がしていた。

ある朝、裏庭にレオが座ってボーっとしていたので、わたしも隣に腰を下ろして話していた。「スイスは綺麗だね」とわたしが言うと、「綺麗だけど、ぼくはあのネパールの感じが好きだったたな」と言った。うん……それ分かるなぁ。スイスはもちろん素晴らしいのだけど、たしかにあのネパールやインド、東南アジアの人たちの不躾な優しさ、度の過ぎる

右上：イタリアのジェラートに喜ぶわたし
右下：ジャンに連れていってもらった山頂からの景色
左上：リッチとレオの家での朝食

世話焼き、スマートに振る舞おうとしない飾らない性格を懐かしく思った。そっちのほうがたぶん、自分の性に合っている気がした。

裕福な国、発展途上の国、キリスト教の国、イスラム教の国、ヒンドゥーや仏教、その他様々な宗教。国や街を移動して人に出会うたびに、いろいろなことを考えさせられ、勉強させてもらった。旅をしていると学校では教えてもらえないリアルな異文化の違いを発見できて、本当に面白い。

結局リッチとレオの家に2泊して、スイスは足早に去った。スイスから列車に乗り、パリ、ベルギーと回った。

9

「本当は絵の仕事がしたい！」
――パリ、ベルギー

パリとベルギーには、以前名古屋で知り合った友だちがいたので、会いに行ったのだ。パリに住んでいる友だち、アレクサンドラはまさに生粋のパリジェンヌという雰囲気。シャンゼリゼ通りにあるルイ・ヴィトンで働いている彼女は、金髪のゆるいウェーブがかった髪にシックでセンスのいい服装、パールのピアスをいつも付けている可愛い女の子だ。彼女が名古屋にいるときよく遊んでいたが、会うのは久しぶりだった。

わたしたちはアレクサンドラのおすすめの洒落たカフェに行き、花が散らしてある可愛いサラダやケーキを食べ（でもサラダは３０００円した！）、若者が集まるエリアを歩いた。服や靴やかばん、アクセサリー、センスのいいカフェやパティスリー、むしろそこにいる人たちすべてがおしゃれで、パリの街はとにかくどこもかしこも素敵なもので溢れていた。

アレクサンドラのアパートに泊まらせてもらい、次の日の朝、仕事に行く彼女を見送るとわたしは蚤の市に出かけた。トルコのイスタンブールでもそうだったように、わたしは古いものが好きなのだ。だから買えないと分かっていても、蚤の市に売っている家具や食器、古道具や昔のアクセサリーを見ているだけで楽しかった。

すると人混みの中に日本人らしき男性二人を発見。なんとなく近づき、なんとなく話しかけてみる。やはり日本人だったそのお二人は、仕事でパリに来ていた。ハルさんと、まさひろさん。二人とも背が高く、シュッとしていて、どことなくスマートな感じと思ったら、日本で脳科学の研究をしているそうで、その学会とかでこちらに来ているという。ハルさんに関しては、パリにアパートを借りてこちらにしばらく住んでいるそうで「よかったらパスタでも作るんで、ぼくんちでお昼食べます？」と誘ってくれた。

まさひろさんとお邪魔して、ハルさんの作ってくれた（今でも忘れられないくらい美味しかった）トマトとモッツァレラとバジルのパスタを食べながら、わたしの今までの旅のことなんかを話していた。


「日本に帰ったらどうするの？」とまさひろさんに聞かれて、わたしは答え悩んだ。そのときはまだこれがやりたい！と自信を持って言えるものがなかった。もしくは、言うのが怖かった。「うーん、古いものが好きだからアンティークショップとかで働こうかなぁ……でも外国で働くのもいいなぁとか」とモゴモゴ言っているわたしに、まさひろさんが一言、言ったのだ。

「本当はもう決まっているんじゃないの？」

このときのことは、一生忘れないと思う。今振り返ればそれは、わたしにとってすごくすごく大きな、意味のある一言だった。わたしはそのときそう言われて、一番に（うん、本当は絵の仕事がしたい）と心の中から聞こえてきたのだ。その質問をされてすぐに、そう思った。そして（あぁ……わたしはやっぱり絵をやりたいのか）と思った。自分の奥底にあって、気づかないふりをしていた気持ちが、ふっと浮かんできてしまったような感じだった。

「うん……本当はもう決まっているのかもしれません」と、答えたのを覚えている。

そんな出会いもありパリを数日楽しんだあと、フランスのお隣の国ベルギーで、また別の友だちに再会した。ベルギーで仕事をしているフランス人のカップル、ＪＰとアリスも以前名古屋で仲良くなっていた。交換留学生として彼らが数カ月、名古屋にいたのだ。これまた久しぶりの再会で話が尽きず、３人で何軒もバーをはしごして、いろいろな種類のビールを飲み、フリッツ（２度揚げしたフライドポテト）を食べた。バナナ味、チョコレート味、ココナッツ味なんかのビールも飲んだ。日本では見かけないが、驚くことにどのビールも、普通に美味しかった。有名なベルギーチョコレートのお店にも行って、２人がいろいろなチョコレートを買ってくれた。

ヨーロッパにいる間は、誰か彼かにもてなされて、贅沢をさせていただいたなぁ。

さて、次はどこに行こうかと考えていたら、ベルギーから安いチケットを発見したので、

右上：名古屋で出会ったフランス人カップルＪＰ（右）とアリス
右下：ハルさんが作ったパスタは絶品だった
左上：ベルギーの広場で見知らぬおじさんと
左下：可愛いお菓子は見るのも食べるのも楽しい

モロッコに行くことにした。ひとまずヨーロッパを抜けて、アフリカ大陸突入である。さてさて何が起きるやら……。

10　空港の「祈りの部屋」とサハラ砂漠

――モロッコ

わたしが旅行に発つとき、ニュースでは毎日イスラム過激派のテロ事件の報道がよくされていた。だからわたしの親は口酸っぱく、「絶対に危ない国には行かないで」と言っていた。今思えばさぞかし心配をかけたと思う。それでもこんなに長く自由に旅行に行かせてくれて、本当に感謝している。だってそのおかげで、死ぬまでやりたいと思えることを見つけられたのだ。

きっと旅行に行ってなかったら今もＯＬをやっていた。そして何不自由ない生活をしながら、何か他のことがやりたい、でも、それはなんなのだろうと思っていたのだろう。自分は絵がこんなに好きだなんて、気付かなかったと思うし、絶対に、踏み出せなかったと思う。

ベルギーから飛行機でモロッコに到着した。しかし、格安航空券だったので、到着したのは、夜の12時を回りそうな時間だった。外はもちろん真っ暗、もう市内へ入るバスは終わっているし、タクシーなんて高級品には手が出ない。それに宿も予約してないから、今から街を歩き回るのも怖い。そんなとき、何人かの旅人から、空港で寝たほうが安全だよという話を聞いていた。たしかに空港の中は24時間電気がついていて、警備の人もいる。宿代も浮くし、空港泊に挑戦してみようじゃない！

ということで、わたしは空港内をウロウロして寝る場所を探してみた。もしかしたら他にも同じような旅行者で、同じように空港で寝ようとしている人がいるかもしれない。そしたら一緒に集まって寝ればなんとなく心強いし。よし、仲間を見つけよう！と、何回空港内をグルグルしただろう。そんな旅行者など一人もいない。むしろ電気が消えはじめて歩くのも怖いではないか。わたしは焦った。

すると警備員の男の人が通りかかった。アラビア語は喋れないので英語で「わたし、今日は空港に泊まりたいんですが、どこで寝たらいい？」と聞いてみた。すると彼は笑顔で何か言う。が、アラビア語なので全然わからない。それでもついて来いというような仕草をするのでついて行くと、お金の両替マシーンに連れてってくれた。どうやら両替したいのだろうと勘違いされてしまったようだ。

「あぁ、違うのよ！　えーっと、スリープ、スリープ！」と手を合わせて耳につけて寝るポーズをすると、今度こそ「なるほど～！」というような顔をして、またスタスタ歩き出した。今度は大丈夫かなとついて行くと、そこは、イスラム教の人がお祈りをする部屋だった。イスラム教の国へ旅行した人ならご存じと思うが、彼らは決まった時間にお祈りをしなければならないので、空港にもお祈りするための部屋が設けてあるのだ。男性と女性は、分かれてお祈りをするので、お祈りの部屋もトイレのように必ず2つある。

わたしがぽかんとしていると、その警備員の男の人は、「ここで寝ていいよ」という。「わたしイスラム教じゃないけど……いいの？」というと「My pleasure（わたしの喜びです）」と、ニコっと笑ってわたしの手にキスをしたのだ。衝撃だった。日本のニュースの報道を見ていて、わたしの中のイスラム教徒のイメージは、とても排他的なものだった。

しかし今、お祈りの部屋に案内してくれたこの男の人は、わたしがイスラム教徒であろうがなかろうが、困っているから助けてくれたのだ。女性しか入れない部屋だったら安心して寝られると思って、きっとここに連れてきてくれたのだ。わたしは、何度も何度もお礼を言った。イスラム教徒の人にとって神聖なその部屋で寝させてもらうのが恐縮で、部屋の隅の方にダンゴムシのように申し訳なく縮こまって眠った。床は絨毯が敷いてあり、冷たいタイルの床ではなく、そこで横になれてホッとした。

しかし、なのだ。空港の中はクーラーが効いていて、実はあまり寝られず、明け方早々に寒くて目が覚めてしまった。真夏なのに寒いくらいクーラーが効いている。手も足も冷たくなっている。時計を見ると5時前。起きるには早すぎるし、起きたとしてもすることがないので、そのまま寒さに耐えながらうずくまっていた。すると、入り口に背を向けて寝ていたわたしの背中にフワッと何かがかけられた。あれ？と思って振り返ってみると、ちょうど女の人が部屋から出ていくところだった。

そして、わたしの体にはその人のカーディガンのようなものがかけられていたのだ。わたしはまたも衝撃を受けた。大きなバックパックを抱え、この祈りの部屋で寝ている旅行者を見たら、きっとここにお祈りに来た人は嫌だろうなと思っていたのだ。自分が大切にしている神聖な場所なのだから、そりゃあ心良くは思わないだろうと。でも、その女の人はわたしが寒そうにしているので、自分の服を与えてくれたのだ。信じられない。こんなの、優しすぎるんではないか。自分のものに対する考えがいかに偏っているか、わたしは思い知らされた。

そういえば、インドにいるときも宗教のことで衝撃を受けたことがあった。ある日、宝石を売りつけようとしてきた宝石商のおじさんと話が弾み、おじさんが家でカレーを振舞ってくれると言うので、お家に伺った。

彼はいとこと友だちと男３人で暮らしていた。おじさんはヒンドゥー教、いとこは仏教、友だちはイスラム教だった。しかし、何故かその家の庭には、キリスト教のマリア像があり、みんなで毎晩キャンドルを灯しているというのだ。「なんでキリスト教の人は誰もいないのにそんなことするの？」。聞くと、「祈る対象がなんであっても、結局祈ることはみんな一緒だから良いんだ」とおじさんは笑った。

（あぁ、これでいいんだ！　みんながこうなれば戦争はなくなるのに！）と思ったのをよく覚えている。

人それぞれ好みがあり、好きなものが違って当たり前な世の中で、わざわざ、自分の好きなものは他より良いと比べたりするから、ややこしくなってしまう。信じる宗教が何であれ、モロッコの空港で優しくしてくれた人たちや、インドの宝石商のおじさんみたいに、自分もなりたいと思った。

さて、朝になりようやく街の交通機関が動きだしたので、わたしは女の人がかけてくれたカーディガンを畳んで、お祈りのお部屋にお礼を言い、空港を後にした。

モロッコの中心部の都市、マラケシュの市内に着くと、いつものように事前に調べていた安宿に向かい、チェックインをし、荷物を置いて街に出た。季節は7月半ば、夏真っ盛りである。この季節に重たいバックパックを背負って外を歩くのは結構きつい。歩いているだけで、汗びっしょり、頭がクラクラしてくるほどの暑さだ。

わたしはモロッコで外を歩いているときに喉が渇くと、屋台のオレンジジュースをよく買った。その場で搾ってくれる冷たいオレンジジュースは、何回飲んでも本当に美味しくて、マラケシュ滞在中はほぼ毎日飲んだ。

あらゆる露天が集まるマラケシュの観光地、「フナ広場」に行くと、そこにはコブラに向かい笛を吹くおじさん、芸達者なサルのショー、歌を歌う人、手品をする人、ダンス、ボクシング、ジャグリングなど、いろいろな催しが行われていて、あちこちで見物客の人だかりができている。面白いものにはどんどん人が集まり、どんどんお金が投げ込まれる。これを生業としている人もここにはたくさんいるのだろう。みやげ物や、食べ物の屋台もたくさん出ていて、隣の屋台に負けるものかとみんな声を張り上げて客引きをしている。ブラブラしているだけでも誰か彼かが話しかけてきて、退屈しない場所だった。

さて、モロッコで有名な場所といえば、やっぱりサハラ砂漠であろう。せっかくだし行っておこうと思い、1泊2日のツアーに参加した。ツアーに一緒に参加していたのはメキシコ人、スペイン人、ブルガリア人、香港人、フランス人など様々だった。そうやっていろいろな国の人たちと、いきなり1泊2日を共にするのって、旅行ならではだと思うし、短い期間でも、結構みんな仲良くなったりして楽しい。

ツアー当日、宿のロビーに集合し、車に乗り込んで走り続けること数時間、砂漠の入口まで行くと、そこにはラクダたちが待ちくたびれた顔で待っていた。そこからは車を降り、一人一頭ラクダが与えられて、一時間ほどラクダに乗って本日宿泊するテントまで移動となった。わたしは以前、モンゴルに行ったことがあるのだが、そのときにもゴビ砂漠でラクダに乗った。

しかし、わたしがラクダの上でテンションが上がり、足をブラブラさせたせいで、急にラクダが走り出し、振り落とされる、というまさかの経験をしていた。幸い地面が砂だったので、何事もなかったが、背の高いラクダから落っこちるときのまぁ恐かったこと！　それ以来、ラクダに乗るというのはあまり気が進まない。がしかし、今回はいたしかたない。動物と話せるようになったつもりで、わたしはひたすら（頼むから走り出さないでね……）と、テレパシーを送り続けていた。ラクダに揺られること1時間弱、今晩の宿である白いテントがやっと見えてきた頃には、大きなオレンジの夕日も、砂漠の砂の山に沈んですっかり日が暮れていた。

砂漠というのは、日が暮れてしまうと嘘みたいにどんどん気温が下がる。日中は50度に届きそうなくらい熱くても、夜は冬用のダウンを着て、毛布にくるまっても寒かったりする。真夏と冬が一日の中にあるのだ。しかし、わたしが何のためにこの砂漠ツアーに参加したかというと、やはり星空を見るためだった。スリランカのビーチで見た、あのとてつもない数の星を、もう一度見てみたいと思っていた。

そして案の定、サハラ砂漠の夜は期待を裏切らなかった。周りに遮るものがないので、360度、ぐるりと見渡しても空がずっーと遠くまで広がっている。そこにぶわーっと一面の星！　もう星が多すぎてどれが星座かわからないくらい、頭の上にまぁるく広がっている空に、これでもかというくらい、星が埋め尽くされている（ひゃー、これはすごい！）。

またまた上を向いて開いた口がふさがらないわたし。

そしてまたしても、わたしはあの作戦に出た！　テントに戻り、夜中はさらに冷えるだろうからと、持っているありったけの服を着込んで、ベッドの枕とブランケットを引っ張り出して砂の上にひいた。ゴロンと寝転がって空を見ると、上から星が降ってくるようだった。

これはテントで寝ていたらもったいない。すると、外で寝ているわたしを見て、他の人たちもぞくぞくと、枕とブランケットを持って外にやって来た。20人くらいの人たちが外で寝ていたと思う。みんなで「綺麗だね」とか「あ！　流れ星だ！」とか話しながら星を見ていたが、次第に話し声もなくなり、あたりは真っ暗、一切の音がなくなった。聞こえるのはかすかな風の音だけだ。夜が更けていくにつれ、気温がどんどん下がり、わたしは頭まですっぽり毛布をかぶって寒さに耐えていた。

そして段々と空が明るくなり、太陽がもうすぐ砂の地平線から顔を出すという頃、目が覚めて毛布から顔を出し、あたりを見渡してみると、なんと誰一人外で寝ている人がいないではないか！　おそらくみんな寒くてテントの中に戻ったのだ。

朝、砂の上にわたし一人だけ、ポツンである。我慢大会で勝ち残ったみたいで、なんだか誇らしいような、寂しいような……。しかし今にも太陽が昇ってきそうだったので、テントにみんなを起こしに行く。「もうすぐ朝日が出てくるよ！」と言うと、みんな急いでテントから出てきた。まだ冷えた朝の空気の中で見る、砂漠の太陽の光は、目に刺さるように眩しく、体で受ける太陽の光はじわじわと暖かかった。

帰りも行きと同じようにラクダに乗って移動し、その後車に乗り換えたのだが、わたしはその日宿に帰ってから丸2日間、寝込んだ。気付かなかったが、おそらく熱中症になってしまって、ひたすら体が熱く、だるく、とても歩けなかった。氷水にタオルを浸し、体を冷やすのだが、タオルがすぐに熱くなってしまうほどだった。恐るべし、サハラ砂漠。

地球上には、本当にいろいろな場所があり、そこに様々な生活があるなぁと感じる。

右上：ラクダを引き連れてきたおじさん
右下：サハラ砂漠の外で寝る。後ろはテント。夜は星が降ってくるようだった
左上：のんびりとラクダに揺られて
左下：サハラ砂漠のツアーに参加

ツアーでラクダの世話をしていたおじさんに、「砂漠より、もっと住みやすい場所に住みたいと思わない？」と質問したら、おじさんは迷わず「ずっと砂漠に住みたい」と答えた。「この静かさが好きなんだ」と。わたしなんかは2日で熱中症になってしまったあの灼熱の砂漠。昼は肌が痛くなるほど暑く、夜は凍えるほど寒い。コンビニも、お風呂も、クーラーもない砂漠。それでも人それぞれ、その人にとっての住みたい場所があり、その場所の好きな部分があるのだ。できることなら世界中のいろいろな暮らしを全部体験してみたいなぁなんて思う。

今日もあのおじさんはラクダに乗って灼熱のサハラ砂漠を行くのだろうか。またあの星を見に行きたいな。サハラ砂漠。

11　1カ月の「テント生活」——ポルトガル

モロッコの旅が終わると、わたしはポルトガルに飛んだ。ポルトガルってなんとなく面白そう、と思って行った。だから特に深い理由はナシ。このように、行き先を決めるとき、わたしは100均で買った世界地図を広げ、まるでレストランで気軽にメニューを選ぶように、国を選んでいた。ときどき冷静になり、自分はなんて贅沢な時間の中にいるのだろうと、ふと思ったりした。贅沢だなぁ。この旅が終わったら、こんなふうに旅行することって、この先なかなかないかもしれないな。

さて、ポルトガルではリスボンとポルトという主要な街の観光地を1週間ほどでサクサクっとまわり、いよいよ、南米に突入する予定でいた。

ポルトガルから南米に入る飛行機を検索していたときのことだ。どういうわけかどの航空会社を探しても、飛行機のチケットがめちゃくちゃ高い。他の旅行者から聞いていた情報よりも2〜3倍も高い。3万円で行けるところが9万円になっている。なぜだ……と考えてみると、今はちょうど8月が始まったばかり。夏真っ盛りで、ヨーロッパ中がサマーホリデーだったのだ。それゆえエアーチケットだって当然高い。あちゃー、タイミングの悪い時期にヨーロッパに来ちゃった……。

ちなみに……と思って1カ月先のチケットを調べると、9月はガクンと値段が下がっていた。なるほど、あと1カ月待てば安くなるのか……。わたしは考えた。今はどこに行くにも高い。ならばここポルトガルで、どうにかあと1カ月、お金を使わず滞在する方法はないものか、と。

インターネットでいろいろ調べていると、あるサイトの掲示板で、面白いものを見つけた。投稿していたのはイギリス人のおじさんで、彼がポルトガルの山奥にある古民家を買い取ったが、手直しするのに人手がほしい！というものだった。お金は払えないが、その代わりに、朝昼晩の食事の一切はおじさんがすべて持つし、いくらでもその場所に泊まっていいと書いてある。これだ。ここに行こう！ ここならお金がかからない。そして1カ月働いて、9月に安いチケットで南米に行こう！と思った。すぐおじさんにメールを送ってみる。すると、ぜひ来てほしいという。やった！ 住所を聞き、数日後電車とバスを乗り継いでその山のふもとのバス停まで向かった。

観光客など一人も乗っていないローカルなバスを乗り継ぎ、本当にここであっているのか？と思うようなド田舎のバス停に着いた。約束ではそこにおじさんが迎えに来てくれるはずだった。不安ながらに待つわたし。がしかし、約束の時間を過ぎてもおじさんが来ない。

だんだん不安が大きくなる。場所、間違っていないだろうか？　おじさん、もしかして忘れていないだろうか？　連絡を取りたいのだが、ケータイを持っていない。周りを見渡すが、公衆電話もない。すると、近くに立っていた男の人がケータイで電話をしているのが目に留まる。ポルトガル語なんて話せないが、その男の人に「ちょっとケータイを貸してもらえる？」と交渉しに行ってみる。今となっては何語で言ったのか覚えてないが、ジェスチャーを交えてどうにか伝わり、ケータイを貸してもらう。メモしておいたおじさんの番号に電話をかけると、やはりわたしが違うバス停で降りてしまっていることが発覚、おじさんは別のバス停でわたしを待っていてくれたそうだ。

「とにかくそっちに行くから待ってて」と言われる。はぁ〜これで一安心だ。ケータイを男性に返し、お礼を言い、おじさんを待つ。しばらくしておじさん、青い軽トラのような車に乗って登場。ナイストゥーミーチューと、挨拶をするわたしたち。車に乗り込み、山の中へ入っていく。

おじさんの名前はサイモン。50歳位。小太りでくるくるの金髪で、同じく金髪の口ひげが生えている。目が緑色で色白、色あせたカーキ色のTシャツと短パン。車で山を登っていく道すがら、サイモンが、古民家にはもうすでに何人か手伝ってくれる人が到着しているよ、と教えてくれる。どんな人たちだろう。仲良くなれるかな。楽しみ。などと考えていると車が停まった。

するとそこには、まるでおとぎ話に出てくるようなとっても可愛い、石造りの大きな家が建っていた。ひと目見ただけでその建物が古いことがわかる。

「この裏の山も含めてこの家を買ったんだ」とサイモン。ここで将来、自給自足で生きていける場所を作ろうとしているらしい。家の隣には広いガーデンがあり、じゃがいも、人参、玉葱、豆など、いろいろな野菜を育てていた。トイレは家の中ではなく、離れたところの小屋にあり、コンポストで土に戻るように作られていた。水は全て、近くのきれいな川から引かれていて、外に設置されているシャワーは、黒くて何十メートルもある長いホースにつながっており、それが太陽光で温められ、蛇口をひねると、なんと熱湯が出てきた。ホースが太陽の熱で温まり、中の水は全部熱湯になるのだ。水を混ぜないと浴びられないいくらい熱かった。広い敷地内には、リンゴ、プラム、ラズベリー、ブラックベリーの木がたくさんあり、いくらでも食べてよかった。

サイモンに案内されて玄関をくぐると、そこは広いキッチンだった。床はコンクリート、壁はゴツゴツした石、可愛い薪ストーブと、可愛いタイル貼りの流し台。そこにＤＩＹした木のテーブルと棚が置いてあり、食材がギュウギュウに押しこまれている。するとすでにここにいる人たちもぞろぞろとキッチンに集まってきた。

イタリア人でモザイク職人のモニカ、同じくイタリア人、元ジャズピアニストのマティア。オランダ人の可愛い女の子マノン。NYからサマーホリデーを利用して遊びに来たお洒落なジェシー、2人で旅行をしているアフリカ人のジュデスとマリカ、サイモンの息子のマグネスと、その大親友でブラジル人のアンドレ。モニカは40歳で年上だったが、あとの子たちは20歳前後だった。なんとも様々な国から人が集まっている。ますます楽しそうだ。

するとサイモンが「はい、じゃあこれがルルのテント。敷地内ならどこにでもテントを張っていいから」と言って一人用のテントをくれた。家の中はまだ改装中で床がないのだそうだ。なんと、これから1カ月わたしは（他のみんなもそうだが）テント生活というわけだ！　すごい。こんなのめちゃくちゃ楽しそうではないか！

その夜は、モニカが作ったパスタをみんなで食べた。「こんなの、なんてことないパスタよ」とモニカは言っていたが、さすが本場のイタリア人、シンプルでもすごく美味しかった。サイモンは食料の買い出しに行くと、ワインも欠かさず買ってきてくれて、みんなでよく飲んだ。というか、ほぼ毎日飲んだ。大勢で食べるごはんは、いろいろな言語が飛び交い、賑やかでいつも楽しかった。

朝は、起きると各自朝食を作って庭のテーブルで食べ、男子たちは、家の中の壁を補強したり、床にセメントを入れたりと力仕事をした。わたしはガーデンの世話、薪集め、広い庭の掃除、料理や洗濯をしているうちにあっという間に一日は終わった。

山は真っ暗なので、夜になるとすごい数の星が見えた。「シエラ・デ・エストレイヤ」というのがこの山の名前で、〝星の山〟という意味だそうだ。だからこんなにもたくさん星が見えるのかぁ。納得。向かいの山で飼われている、何十頭もの羊たちについている首のベルが、毎晩夜の空気の中でかすかに優しく鳴っていた。

サイモンもとても気楽な人で、「今日は仕事をせずにみんな川に泳ぎに行っておいで」とたまに言ってくれたりした。あるときは、ジェシーとアンドレとマノンで水着を着て、「4人のほうが節水になる！」と一緒にシャワーを浴びたりした。夜ごはんを食べ終わると、みんなでお互いの似顔絵を描いたり、マティアがギターを弾いて歌ったりした。日本の漫画好きのアンドレとマグネスとおにぎりを作って、山に登りに行ったり、モニカとブラックベリーを大きなお鍋2つ分も収穫して、一緒にジャムを作ったりもした。

モニカとはしょっちゅう一緒のテントで寝て、朝方まだ眠いモニカを、わたしがちょっかいかけて起こそうとするので、よくまくらを投げつけられた。わたしのことを「ルルは本当にやっかいな日本人だ」とからかうくせに、わたしの鼻歌をケータイで録音して、着信音にするくらいモニカはわたしのことが好きだった。恋愛の話、仕事の話、これからの話、彼女とはたくさんいろいろなことを話し、いつも一緒にいた。

わたしたちはみんな、日に日に家族のように仲良くなっていった。その山にいる間、一人残らずみんな穏やかだった。これはきっと自然の中で過ごしているからなのかな、と思った。わたしは毎朝、テントからキッチンに向かうのが嬉しかった（今日の朝ごはんは何を作ろう、今日はみんなと何をしよう）。そんなふうに起きたその瞬間から、これから始まる一日が楽しみで、ワクワクしている、という毎日を過ごしたことがなかった。

だから一カ月が過ぎ、その家を離れるときは本当に寂しかった。他のみんなも、じきにまた別の場所へ移動し、バラバラになる。モニカは大泣きして寂しがってくれた。全員がまたこの場所に集まるということは、もうないのかもしれない。でもここで過ごした一カ月は、死ぬまで絶対に忘れることのできない、素晴らしい思い出になった。

さて、９月だ。ついにヨーロッパ脱出、南米へと行くときが来た。わたしは寂しさとワクワクを胸に、メキシコ行きの飛行機に乗ったのだった。

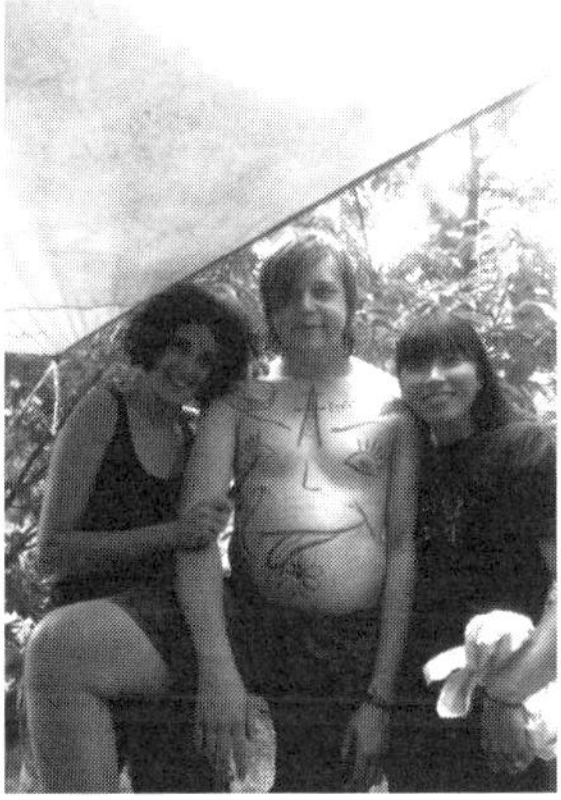

右上：テント生活スタート
右下：モニカが作ったお昼ご飯
左上：みんなで囲むテーブル
左下：マグネスのお腹にモニカと落書き

12 壁に絵を描いて生活する——メキシコ

旅行をスタートする前、メキシコにはなにがなんでも絶対行こうと思っていた。

なぜかといえば、どうしても本場のタコスが食べたかった。また食べ物か、そうだが、だってあれ、すごく美味しそうじゃない！　あとはメキシコで見たいお祭りがあったのだ。11月のはじめに行われるそのお祭りは、その名も「死者の祭」というものだった。

これは簡単に言えば、日本のお盆のようなもので、亡くなったご先祖様たちがお墓に戻ってくると考えられている日なので、みんなお墓をありったけのお花やお菓子、お酒やその他亡くなったご先祖様が好きだった物で飾りつけ、そこで宴会をするのだ。さらには夜になると墓地全体がたくさんのキャンドルの灯りで照らされ、バンド演奏がはじまり、家族や親戚みんなが墓地に集まって、死者を思いながらお酒を飲むのだ。しんみりしていないところが、なんか素敵だと思った。

お盆とお花見がくっついた感じだろうか。

以前それを写真で見て、そのお墓のカラフルさに心を奪われた。お墓が可愛いのだ。「死者の祭」なんて怖い名前なのに、全然怖くない。これはいつか絶対見に行きたい！　と思っていた。


しかしわたしは早くメキシコに行きたい気持ちが先走り、到着したのが9月の頭だった。

まだ祭りまで2カ月もある。まぁのんびりいろいろな場所を観光しながら11月まで過ごせばいいやと考えていた矢先、衝撃の事実を知るのだ。お金を下ろそうとＡＴＭに行き、口座の残高を見てみると、なんとほとんどお金がない。今口座に入っている残金から、帰りの日本への飛行機のチケット代や、２カ月分の食費、宿泊費、移動費などを考えると、とても足りなかった。どうしよう。これじゃぁタコスだって気安く食べていられないじゃない……。

理由はわかっていた。ヨーロッパでお金がふっ飛んでいたのだ。ホテルだって、食べ物だって、何でも高いのだ。知らぬ間に残高が勢い良く減っているのに気づかずにいた。いや見て見ぬふりをしていた……。はぁ、これからはとにかく節約しなきゃ。

正直そのとき、日本に帰ることも頭をよぎった。でも、祭りを見るためにはるばるここまでやって来て、お金がないからそれが見られないなんて、頑張ってメキシコに来た意味がない。わたしは必死に考えた。毎日絶対かかるお金、それは「宿泊費」と「食費」だ。これを浮かさないことにはお金がどんどん減っていく。そのときふと、以前会った旅行者が、宿で働きながらタダで泊まらせてもらっているのを思い出した。私もあれをやってみよう！　スペイン語は話せないけど……そんなこと考えている場合じゃない。うん、なんとかなるだろう…！

そのときわたしは、首都のメキシコシティから、バスで10時間ほどの距離にある、チアパス州のサンクリストバル・デ・ラス・カサスという長い名前の小さな街にいた。この街は、メインストリートこそ観光客向けのカフェやレストランや土産物屋が並んでいるが、少し外れると、まだ民族衣装を着ている女性たちが道端で刺繍をしていたり、ほとんど地元の人ばかりの活気のある市場なんかがあった。

そのギャップのある街の雰囲気が気に入って、数日滞在していたのだ。物価も安く、わたしが見つけた中で一番安かったタコスは、1つ2ペソ（14円）だった。しかし今日からは毎日宿代を払い続ける訳にはいかない。インターネットでボランティアを募集している宿を探し、少し緊張しながらそこを訪ねた。宿で働くなんて生まれてこのかた初めてなのだ。

わたしが見つけたそのホステルは、やはりわたしのようなバックパッカー向けで、宿自体は小さいが、大きな庭がありとても素敵だった。1泊150ペソ、日本円にして1000円ほどだ。ここで働けば、宿代は浮くし、さらに朝ごはんも食べさせてくれるという。

「Hola（こんにちは）」とドアを開けると、奥からオーナーであろう男の人が出てきた。

彼の名はホアン。40歳位。頭がボサボサで耳には大きなシルバーのピアス、腕にはドクロのタトゥー。緊張しているわたしに、「すぐ慣れるから心配しなくていいよ」と言うホアン。

宿にはもうすでに働いている人たちがいて、ドミニカ出身で、手作りのギリシャヨーグルトを、ギターを弾きながら売り歩き、お金を稼いで旅をしているアフロ頭のフランシスコ。そのガールフレンドで、ブロンド美女のアメリカ人のコニー。アルゼンチン人で、もう何年もバイクに乗って南米を旅しているセバスチャン。３人ともいい人たちだった。

ここで働く間わたしが寝泊まりするのは、８人が泊まる大部屋で、その中のベッドが１つ与えられた。荷物をおろすと、コニーが掃除の仕方や、チェックインの仕方、朝ごはんの作り方や、鍵の管理、客引きのときのスペイン語のフレーズなどを教えてくれた。結構やることがいっぱいあって、わたしは必死にノートにメモした。

スペイン語がわからないのをいいことに、フランシスコは、スペイン語のスラングをわたしに教えたようで、客引きしているとよく笑われたりした。「ちょっとフランシスコ！またわたしに変な言葉教えたでしょ！」というとフランシスコはいたずらっぽく笑うのだった。みんなで屋台にタコスを食べに行くこともあった。

メキシコのタコスは地域によって大きさが違うのだが、サンクリストバルのは５個位ペロッと食べられてしまうくらいの小さいタコスだった。屋台のおじさんが目の前の鉄板でお肉を焼いてくれる。テーブルには、赤と緑のサルサソースが置いてあり、案外緑のほうが辛かったりする。

おじさんに「トレスタコス、ポルファボール（タコス３つちょうだい）」と注文すると、２枚重ねたトルティーヤの上に、熱々のお肉をのせる。そこにライムをギュッと絞って、緑のソース（辛いけど、わたしはこっちが好きだった）をかけて、くるっと巻いて食べる。これがもう最高！　何度食べても毎回、最高の食べ物だと思った。

そんなふうに毎日を過ごし、わたしはなんとなく街にも、宿の仕事にも慣れてきていた。しかし、毎日やることが一緒なので、正直つまらなかった。いくらお金がないとは言え、宿で働くためにメキシコまでわざわざ来たわけじゃないのだ。何か他のことがしたい。でも、お金がない。宿の屋根に上って、一人でぼーっとそんなことを考えていたときだった。わたしは、偶然か必然か、すごいことをひらめいてしまったのだ……(この宿の白い壁に、絵を描かせてもらえないだろうか)。今思えば、そのひらめきは、わたしの人生を変えるものになった。絵を描くことに夢中になる第一歩が、その日に静かにスタートしたのだ。

実はアブニのアトリエで絵を描いてから秘かに、いつか大きなキャンバスに描いてみたいと思っていた（そうだ……別にキャンバスじゃなくたって、大きな壁に描けばいいんだ……！）。壁画を描いたこともなければ、絵の具も持っていない。でもこれはやるしかないと思った。無謀な考えにも思えたが、ダメで元々、こっちは失うものなどないのだ。ダメだったらダメで、また働くだけだ。「ホアン、わたしさ、壁画を描いてみたいの」と、内心ドキドキしながら彼に言ってみる。するとあっさり「いいよ、じゃあキッチンの壁に描いて」と答えるホアン。

えぇ!!　思わず拍子抜けしてしまう。こんなに簡単にＯＫがもらえるなんて……。

実はホアンもキッチンの壁には絵がほしいと思っていたそうで、ちょうどよかったと言ってくれた。タイミングってあるものだ。

次の日、彼は一揃いのペンキや筆を買ってきてくれた。フランシスコやコーリーや他の宿泊客も、何を始めるのだろうと集まってきた。今でも、その日の気持ちを鮮明に覚えているのだが、わたしは壁画も描いたことないし、もしかして失敗したらどうしようだとか、ホアンが気に入らなくて怒ったらどうしようとか、そういう不安は山ほどあった。でもそんなことを考える隙もないくらい、ただただワクワクしていた。興奮していた。自分の中のどこから、その自信が出てきていたのかは謎だが、「絶対、上手くいくに違いない」とほとんど確信していた。

その日から、わたしは宿の掃除やビラ配りの仕事を免除してもらい、朝から晩まで壁画を描き続けた。楽しくて休憩なんかしたくなかった。だからほんとに夜遅く10時、11時まで描いていた。「ルル、休んだほうがいいよ」と言われるほどだった。フランシスコとコニーはよくキッチンにやって来て、「わたしはあの部分の色使いが好きだわ」だとか「僕はこの絵の表情が好きだ」とか思い思いに褒めてくれた。

一週間ほどで絵が完成したとき、ホアンもみんなも、とても喜んでくれた。「きみは才能がある！」と褒めてくれた。バカ正直なわたしは、もう嬉しくて舞い上がってしまい、これはもっとやるしかないと思ったのだった。

ホアンの宿の壁画を描き終えたあと、また別の絵を描かせてくれる宿を探した。すると、ホテルの名前が読めないほどペンキが剥がれ落ちた看板がかかっている宿が目についた。これはなんだかいけそうな予感……。「Hola～」と中に入ってみると、オーナーが出てきた。名前はカルロス。今度は太っていて、天然パーマの黒い髪を長く伸ばしている。パンクロックっぽいTシャツにジャラジャラしたシルバーのアクセサリー。

聞くと、宿の看板は10年前に出したっきり、そのままだという。看板を描き直してくれるならぜひお願いしたいということで、とりあえず描き直す間はタダで泊めてもらえることになった。

宿の名前は「ラ・カトリーナ・ポサダ」。カトリーナというのは、メキシコで愛されている女のガイコツの名前で、その絵を入れてほしいと頼まれた。看板は大きなものではなかったので、ゆっくり描いたつもりが2日で描き上がってしまった。絵ができあがってしまったらまた他の場所を探さないといけない。カルロスに出来上がった看板を見せると、「マラビジョソ！（素晴らしい！）」と、とても気に入ってくれた。さっそく看板を入口にかけてバシャバシャ写真を撮っている。オレンジと白で描いた看板がホステルの青い壁によく似合っていた。あぁ、喜んでくれてよかった。

するとカルロスがちょっと来てくれと言う。連れていかれたのは2段ベッドが5つ置かれている10人部屋の大きなドミトリールームだった。壁は4面とも真っ白だ。彼はにっこり笑って「ルル、この部屋の壁もお願いできないか？」と言ったのだ！

「えぇ！　本当!?」それはまるで、子どもが目の前にたくさんのおもちゃを並べられて、なんでも遊んでいいよ！と言われたときのような気持ちだった。こんな広い場所に、なんでも描いていいなんて！　これでまた当分宿代は浮くし、毎日絵も描ける。あぁメキシコの神様……ありがとうございます！

その日からわたしは、その10人部屋に泊まりながら絵を描いた。他に、その宿で働いているガリガリに痩せたクリストバルという男の人が一緒だった。たぶん40歳位。背が低く、マリファナを吸って一日に一個だけ、菓子パンを食べる人だった。だからガリガリなのだ。「ペンキは足りている?」「菓子パン買ってきたけど食べる?」「コインランドリー行くけど洗濯するものある?」とよくわたしの世話を焼いてくれた。カルロスも同様で、足りない画材などは全部買ってくれた。

いい人揃いの宿だったが、唯一の欠点は、隣にロックバーがあることだった。毎週土曜日になると、バンドマンたちがライブ演奏を行うので、バーが人で溢れかえるのだ。夜中を過ぎるとますますヒートアップして、壁1枚挟んだ向こうから、ガンガンロックミュージックが聞こえてきた。さすがに土曜日だけは、どうにもこうにも寝られなかった……。

そんなある日、近くの市場に買い物に行った。いくら美味しいとはいえ、毎日タコスばかりでは飽きるので、節約のためにもよく自炊していた。近くの市場では、とにかく野菜が安く、日本では1つ100円ほどのアボガドは5個100円、大きなトマトや玉ねぎは10個で50円、いろいろなスパイスや、ハーブ、ナッツ、チーズも日本で買うよりうんと安く売っていたので、食べたことないものを見つけては、どんな味だろうと試していた。

宿に帰る途中、別のホステルの前を通りかかったとき、ふと立ち止まった。男の人が脚立に乗って大きな壁に絵を描いているのが見えたのだ。それは、マヤ文明をモチーフに描かれていて、羽の生えた蛇や、マヤの神話に出てくる神々たちが、今にも動き出しそうだった。そのすごい壁画に圧倒されてしまった。わたしは門の外から「オラ！」と彼に話しかけた。彼がこちらを向く。「ちょっと中に入ってみてもいい？」と聞くと、「もちろん」と快く門を開けてくれた。彼の名前はギド。ひとつ年下のアルゼンチン出身、それを生業としている正真正銘の壁画アーティストだった。ヨレヨレのTシャツに、ペンキで汚れた短パン。カールしたボサボサ頭がいかにもアーティストっぽい。

彼はいろいろな場所で壁画を描いてはお金をもらい、その収入で旅をしているそうだ。宿代はかけないように野宿することもしょっちゅうあるという。そんな人に出会ったことがなかったので、わたしは嬉しくなった。

「このスプレーはどうやって使うの？」「この筆は？」「この道具は何？」「ペンキはどれくらい持ち歩いているの？」「どのくらい壁画を描き続けているの？」と聞きたいことが多すぎて、質問攻めにしてもギドは快く答えてくれた。

そして、（この人に習おう。この人がわたしの先生だ！）と勝手に思った。

わたしが「明日あなたが絵を描くのを一日見学させてもらえない？」と頼むと、彼は「ノープロブレム」とにっこり笑ってくれた。

次の日の朝、また宿を訪ねる。朝の眩しい光の中で、ギドの壁画はより一層生き生きして見えた。「オラ、ルル！　コモエスタス？（元気？）」とギド。鼻歌を歌いながら絵の具の準備をし始める。わたしは壁画全体が見える場所に座って、作業を見させてもらうことにした。

彼の作業を見学することは、わたしにとって一つ一つが本当に勉強になった。筆使い、絵の具の混ぜ方、重ね方、間違ったときの修正の仕方、スプレーの使い方、光と影の描き方、全部忘れないように食い入るように見続けた。ギドは鼻歌を歌ったり、ブツブツ一人言を言ったりしながら、絵をどんどん描き上げていく。

あっという間に時間が過ぎ、気付くと日が沈みかけ、うす暗くなっていた。ギドも疲れたようで「今日はここまでにするよ」と言った。「ムーチャスグラシアス、ギド！（本当にありがとう！）」と彼にお礼を言って宿に帰った。百聞は一見にしかず、とはまさにこのことだ。とても濃い一日だった。

それからも、わたしは自分の宿で10人部屋の壁画を描き続けた。

するとまたある日、背の高いアジア系の男の人が大きなリュックを背負って入ってきた。

わたしは（たぶん日本人ぽいな……）と思ったので、「こんにちは！」と話しかけてみた。予想は当たりで、彼も「あ、こんにちは」と挨拶をする。

彼はたけしくん。わたしより少し年上。東京で「マクラメ」というひもを編んだアクセサリーを作って暮らしている。以前3年ほど、世界各国を旅したそうだ。今回メキシコに来たのは、アクセサリー用の天然石の買い付けのため。でも、だんだん石を買い付けるだけでは飽き足らず、最近は自分も鉱山に行って掘りに行ってしまう、というこれまた面白い人だった。

その夜、たけしくんがおごってくれると言うので、わたしたちは近くのサンドイッチ屋さんに夕食を食べに行った。向こうのサンドイッチはそれだけで十分お腹がいっぱいになるほど大きい。

「この街には前にも来ていて、仲のいい地元の家族にもう一度会いたくて、また来たんだ」とたけしくん。その家族があまりにも素敵だから、また会いたくなってしまったのだと。近々そのお父さんのお店を訪ねるというので、わたしも一緒に連れてってもらうことにした。そしてこの家族との出会いが、わたしのメキシコ旅行をさらに素敵なものにしてくれた。

次の日、たけしくんと一緒にそのお店を訪ねる。知らないと通り過ぎてしまうような小さな革製品のお店だった。出迎えてくれたお父さんのマリオは白髪まじりの口ひげをたっぷり生やしていて、背は低いが、威厳あるお父さんって感じだった。彼のお店にはセンスのいいバッグや革のベルトがたくさん飾ってあった。お母さんや、子どもたちも挨拶に来た。みんなたけしくんとまた会えたことを喜んでいる。一番上のお姉ちゃんは21歳、次女19歳、その次の長男は17歳、そして一番下の弟くんは15歳。

突然お邪魔したにも関わらず、ゆっくりしていってねと、テキーラやらラムやらお酒が出てくる。さすがメキシコだ。スペイン語の話せるたけしくんが「この子は絵をホテルに描いているんだよ」とわたしを紹介してくれた。するとお父さんが「うちの下の弟２人も絵を描くのが好きなんだが、彼らに絵を教えてやってくれないか？」と言う。

「うーん、とても教えられるほどではないけど、一緒にお絵描きするくらいなら……」とたけしくんに通訳してもらう。すると「じゃあお絵描きしに明日から来てほしい」とお父さん。わたしは半ば断ることができず「ＯＫ！」と言いながらも内心、（スペイン語一切話せないのに、どうしよう……）と思っていた。後から聞いたのだが、それは子どもたちもそうだったようで、言葉が通じないのにどうやって……と不安だったそうだ。

しかしそんなわたしに毎日来てくれていいよと言ってくれたお父さんもすごい。とにもかくにも、このような感じでその家族との交流が始まった。

次の朝、たけしくんはどこかの鉱山に石を掘りに行ってしまった。数日帰ってこない。通訳の彼がいなくなってしまい、若干不安だったが、わたしは夕方、またその家族を訪ねた。長男も次男も、ちょうど学校から帰ってきたところだった。長男の名前はマウリシオ、あだ名でメコと呼ばれていた。次男はアントニー。2人ともまだ幼さが残っていて可愛い。しかし2人ともわたしを前にして緊張しているのがわかる。それもそうだ。わたしだって昨日会ったばかりの、言葉の全く通じない外国人といきなり絵を描けと言われても、絶対緊張する。話しかけたところで通じないのだから、そりゃぁ黙ってしまう。

とりあえず、持ってきた紙と絵の具をテーブルに広げ、日本語と英語と、ジェスチャーを駆使して「この紙になんでも好きなものを描いてね」と言った。なんとか伝わったようで2人も恐る恐る描き始めた。わたしはその隙に、ケータイのスペイン語の辞書を使って、なんとか会話をしようと試みた。

「学校、授業、楽しい?」とか「日本、食べ物、知っている?」とか、とにかくスペイン語の単語を調べ、それをそのまま言ってみた。すると2人ともとまどいながらも、なにか答えてくれる。何とか伝わったようだ！　だが、返答が理解できない。質問が伝わったはいいが、何を言っているかさっぱりわからないのだ。これは困ってしまう。わたしが頭を抱えていると、いきなりメコが立ち上がって、キックやらパンチやら、空手のようなことをしだした。「タイコンドー、タイコンドー」と言っている。（えぇ！　なになに!?）わたしは頭をフル回転させた（えぇ……タイコンドー？　空手のようなもの？　なんだっけ……タイコンドー。テコンドー？　あ、テコンドーだ！）。

「あぁ！　テコンドーね!!」とわたしが言うと、やっと伝わった～と嬉しそうなメコ。テコンドーを日本のものだと思っていて、僕、テコンドーを習っているよ、と伝えたかったようだ。こうなると推理ゲームのようなもので、３人とも身振り手振り、自分の言いたいことを伝えようと必死で、絵を描いて説明したり、音で伝えようとしたり、みんな立ち上がってお絵描きなんかそっちのけ、全然進まない。そんなふうにしてあっという間に時間が過ぎてしまった。始めこそ緊張したが、とても楽しかった。帰るとき、（明日も来てもいいのかな……）と思っているとメコが「ノスベモス、マニャーナ！」と言って手を振った。「……ノスベモス？」とわたし。すると「トゥモロー、トゥモロー！」とメコ。（あぁ！　また明日ねってことか！）「グラシアス！ノスベモス、マニャーナ！」とわたしも手を振った。帰り道、夕日で優しいオレンジ色になった街を、満たされた気分で歩きながら宿に戻った。

それからというもの、わたしの毎日は、朝起きて壁画を描き、メコとアントニーが学校から帰ってくる3時位になると、お家を訪ねて、ママが出してくれるお菓子を食べながら3人で絵を描き、夜になったら宿に帰るか、もしくはそのまま家族とご飯を食べたりした。

近所の美味しいタコス屋さんでテイクアウトして食べるときもあったし、ママが「チレ・エン・ノガダ」という、大きなししとうの肉詰めみたいなものに、クルミの白いソースがかかって、その上にザクロの実がちらしてある特別なときにしか作らない料理を作ってくれたりもした。見たことも聞いたこともない料理だったが、これがすごく美味しかった。「今夜は泊まっていきなさいよ」と言われて、わたしと、長女のハキと次女のガンディと大きなベッドに川の字になって一緒に寝たこともあった。ほんとに家族みたいに接してくれて、すごく嬉しかった。

そうやって日々はあっという間に過ぎて、10月も終わりになってきたある日、ポルトガルで一緒にテント生活をした、あのイタリア人のモニカからメールが届いた。

「チャオ、ルル！　元気にしてる？　もうすぐメキシコは死者の祭りよね？　わたしも見たいからメキシコに行くわ！」と言うのだ。モニカがメキシコに来る！　仲良しだった彼女にまた会えると思うとワクワクした。わたしは一旦、サンクリストバルでの壁画をストップし、モニカとパスクワロという街で落ち合うことになった。そこはお祭りのとき、特に飾り付けが綺麗だというのだ。今いるサンクリストバルからパスクワロまでは、車で15時間以上。バスに揺られて、やっとパスクワロに着いたときはさすがにぐったりした。しかし､バス停に迎えに来たモニカに会って「きゃー！　久しぶり～!!」と喜び､抱き合ったら疲れはふっ飛んでしまった。

パスクワロではモニカと映画を観に行ったり、古着屋で買い物したり、屋台でタコスなんて何回も食べた。死者の祭り当日はいろいろなお墓にも行った。どこのお墓も、たくさんのお花とろうそくで墓石が可愛く飾られていて、そこら中でピクニックのようにお菓子を食べたりお酒を飲んだりしている。わたしたちは屋台で売っていた温かいリンゴのお酒を飲み、賑わう街中を、肩を組んで、ほろ酔いで歩いた。見たかった死者の祭りをモニカと一緒に見られて、またいい思い出が１つできた。

さて、祭りも終わったので、わたしはまたサンクリストバルへ、モニカはオアハカへ向かうということになった。どちらに行くにしても､メキシコの首都､メキシコシティを通っていくので、とりあえずそこまでは一緒にバスで行こうと話していた。が、しかし、散々お伝えしたように、わたしにはあまりお金の余裕が無い。バス代だって今のわたしには高いのだ。１人では怖いけど、モニカとならもしかしてヒッチハイクで行けるんじゃない？と思った。

「ヒッチハイクで行こうよ！」という提案に、モニカも渋々ＯＫし、わたしは人生で初めて、しかもメキシコで、ヒッチハイクなるものに挑戦することになった。パスクワロからメキシコシティまで、車でノンストップで行ったとして6～7時間かかる。あぁ、どうか上手くいきますように……！

次の日の朝、わたしたちは朝早くにバナナやパンなどの軽食を買い、大通りまで歩き、いざ道路の脇に立った。

「まずはルルがやって」とモニカが言うので、わたしはよくテレビで見るように、通り過ぎていく車に向かって親指を立てた。幸い、朝の通勤ラッシュで車はたくさん通る。が、こちらを見るドライバーはいても停まってくれる車はない。20分位そのままだっただろうか、わたしたちの前を通り過ぎた大きな赤いトラックが少し先で停車している。もしかして!?と思い駆け寄っていくわたしたち。すると優しそうなおじさんが「どこへ行きたいんだ？」と窓から顔を出した。

「メキシコシティまで行きたいの！」と言うと、そこまでは行かないが、途中までなら乗せていってあげられるという。やった！　これでひとまずコマが進められる！　モニカと車高の高いトラックによじ登り、おじさんの隣りに座った。スペイン語を話せるモニカは乗車早々、おじさんと話が尽きない。背の高いトラックからの眺めは最高で、「なんだかこれは幸先いいね」と喜ぶわたしたち。

そんな感じで、その後も1台の普通車と、2台のトラックをなんとかつかまえ、日が暮れて真っ暗になった頃、ようやくメキシコシティまでたどり着いた。宿もないような場所で、車もつかまらず、置いてきぼりにされたらどうしよう、と最初は不安だったが、初めてのヒッチハイクは、大成功だった！

メキシコシティには以前名古屋で友だちになっていたメキシコ人の友だちがいたので(その子も交換留学生だった)、その子の家に2人で転がり込み、泊めてもらった。メキシコ人のアンドレスと、その彼女でイタリア人のキアラは、夜遅く訪ねたにも関わらず快く迎えてくれた。

「それにしても、パスクワロからここまでヒッチハイクなんてありえないよ。君たちクレイジーだ！」と2人は言っていた。襲われたり、お金を取られたり、恐い話もたくさんあるようで、何事もなく到着できて本当によかったと、改めてモニカと顔を見合わせる。数日間、アンドレスのアパートに滞在し、キアラの作る美味しいイタリアンを食べ、4人で毎日ワインを飲んだ。そして、わたしとモニカは別れた。「またきっとどこかで会おうね！」とぎゅっとハグして。いつかこんなふうにタイミングがあって、モニカとどこかの国をまた旅行できたらいいな。

さて、メキシコシティからはバスに乗り、わたしは愛しのサンクリストバルに帰ってきた。やっぱり長く滞在するとその町が好きになってしまう。例によりまた壁画を描かせてくれるホステルを探し、そこでまた壁画を描き続け、タダで宿泊させてもらった。

今度の宿は、まだオープンしたばかりの宿で、どこもかしこも白い壁だ。スペイン人のオーナー、マイクは、「広いテラスの壁になんでも描いていいよ」と言ってくれたので、わたしはカラフルなサボテンを描いた。

そして夕方になると、またあの家族の家に遊びに行って、メコとアントニーと絵を描いて、ママの作ってくれたごはんを家族に混ざって食べた。そんなふうにして、気付けばあっという間に３カ月が過ぎていた。２０１５年12月、もちろんまだまだ旅はしたいけれど、もうすぐ1年が経つし、お金もなくなったし、そろそろ帰ろうかな、と思った。

さて、日本に帰る日が近づいてきたある日、サンクリストバルで仲良くなった子たちが、わたしのためにさよならパーティーを開いてくれた。宿の庭にたくさんのテーブルと椅子が並び、山積みのトルティーヤ、大きなＢＢＱグリルで焼いたお肉、ボウルいっぱいのワカモレやサルサに、フライドポテト、オリーブ、チーズ。そしてどこからか人が集まるごとに、次々持ち込まれるビール、テキーラ、メスカル、ワインのボトル！　飲んで騒いで、歌って踊って、その夜は本当にみんな陽気で楽しかった。

そのとき隣に座っていたスウェーデン人のエレンという女の子と話していると「ねぇ、ルルの絵を見せてよ」と言った。

わたしは壁画を描くだけでは飽き足らず、時間があればパペレリア（文房具屋）に行って厚紙を買い、それにもペンキで絵を描いていた。それが結構たまってきていたので、いろいろと机に広げて見せてみた。エレンは真剣に絵を見て、「この部分の色がいいわ」だとか「この描き方はとてもジャパニーズチックね」とか一枚一枚感想をくれた。こうやって絵を見られるのは嬉しいような、とても恥ずかしいような気持ちだった。すると一枚の絵を指差して「決めたわ。この絵を買わせてくれる？」と、エレンが言ったのだ。

「えぇ！　買うの!?」とびっくりしていると、「やっぱり大事な絵だから売れない？　いくらなら買えるの？」とさらに聞いてきた。いやいや。そうじゃないのよ、エレン。わたしは、お金を出してまで絵を買いたいと言ってくれる人がいるんだ！と、たまらなく嬉しかった。もうそれで十分だった。

右上：ギドが描いた壁画
右下：ギターを弾きながら手作りヨーグルトを売るドミニカ人のフランシスコ
左上：モニカとメキシコで再会
左下：初めてのヒッチハイク成功！

「いい、いい！　お金なんていい！　そう言ってくれるだけで嬉しいから、これ、あげる！」と絵を差し出すと「そういう訳にはいかないわよ〜。じゃあ100ペソでどう？」とお札を1枚渡してくれた。100ペソ＝約600円。それが、わたしが初めて絵を売って、もらったお金だった。エレンが絵を買ってくれたことは、「あなたの絵、悪くないんだから頑張りなよ！」と、背中を押してくれた気がした。

メキシコを旅立つ前、エレンからもらったお金と財布に残っているお金を足して、ターコイズの指輪を買った。たまたま通りかかった市場でそれを見つけたのだが、ターコイズがシルバーで作ったユリの花で支えられているデザインで、とても可愛かった。もちろん安物の指輪だけど、わたしが初めて絵で稼いだお金で買ったものだ。何か形に残しておきたかった。

今でも壁画を描くときは、その指輪をなんとなくお守り代わりにつけて描いている。

さて、お金もいよいよなくなってきたし、自分で決めていたリミットが来ようとしていた。1年間、思いっきり楽しんだ。たくさんの友だちと、たくさんの思い出ができた。いつ思い返しても、心が嬉しくてキラキラするようなものが、わたしの中にできた。よし、ひとまずこのへんで帰るとするか、日本に。

13　日本に帰ってきて

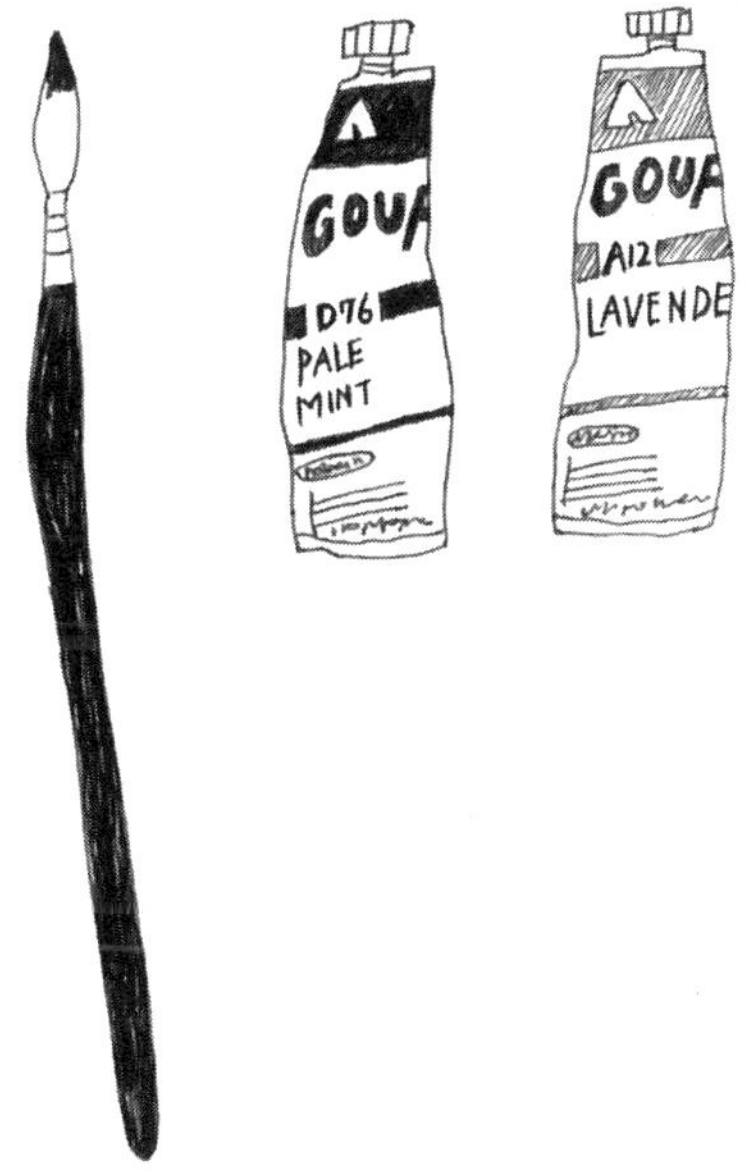

そんなこんなで２０１５年の年末、日本に帰ってきた。しかし、職ナシ、お金ナシだ。これからどうしよう。家にいてもやることがないので、仕方なく就活もしたりした。絵のことで頭がいっぱいのくせに、この期に及んでまだ決心しきれず、くすぶって逃げていたのだ。

しかし結局、絵を仕事にしたいという気持ちがあるので、せっかく面接まで行っても、「御社は、定時で仕事が終わるので、その分絵に時間を使えると思い、入社したいと思いました」などとバカ正直に答えていた。そんなふうだったから当然、見事に全部落ちた。そりゃそうだと思う。旅から帰った直後のわたしは、今振り返るとだいぶズレていて、汚れた壁などを見ると、いきなりその店に飛び込み、「壁に絵を描きたいのですが……」などと言うものだから、目をまん丸にして驚かれることがあった。今思うとあり得ない。まったく、思い返すと恥ずかしくなる。

でも逆に、それでようやく踏ん切りがつき、やっぱり「絵」を職業にしてみようと思った。どのようにやっていくのか、そもそも何にも勉強していない、ツテもコネもゼロのわたしが絵を職業にできるのか、周りからは賛否両論、いろいろな意見をもらった。でも、旅行から帰って来たばかりだったわたしは良くも悪くも「まぁなんとかなるでしょ！」と強気だった。だって、旅行中もなんとかなってきたのだ。ダメだったらまたそのとき考えればいいや。

まずは、絵を描いていることを世間に知ってもらわねば！と思い、自作の名刺を持って、お店や飲食店が集まっている商店街に向かった。名古屋では観光地の大須商店街だ。服屋、喫茶店、花屋、カバン屋、アクセサリー屋、エステサロン、骨董品屋から接骨院まで、とにかく手当たり次第、お店に飛び込んでは名刺を渡し「なんでも描きますので！」と営業した。しまいには仕事がほしいあまり「もうタダで描きますので！」と言っていた。

しかしそんなことをしても、冷たくあしらわれるのがほとんどで、わたしはだんだん悲しくなって、人目の付かない駐車場で体操座りをしてわんわん泣いた。まるで、「お前の絵なんか興味ない」と言われているみたいに感じたのだ。楽しい旅行の日々から一転、世間の厳しい風に久々に当たって、心が折れた。

しかし、こんなことで負けてはいられない。せっかくやりたいことが見つかったのに後戻りしたら意味が無いのだ。また立ち上がり、涙を乾かしてお店に突撃し続けた。とにかく、なんでもいいから描かせてくださいと、頼み続けた。

ひたすら名刺を配ったが、収穫はなく、商店街も終わりに差しかかってきた。やっぱりダメか……と落ち込み気味でふと目に着いたパワーストーンのお店に入った。

「何でもいいのでなにか絵を描かせてください」と名刺を出すと、優しそうな女性の店長さんが「じゃあうちのネコを描いてくれる？」と言った。

ついに！　ついに見つけた！　わたしに絵を描いてほしいと言ってくださる人に！

一日中断られ続けた疲れは一気に吹き飛び、わたしは早速その描いてほしいと言われたネコちゃんをケータイカメラでバシャバシャ撮って、一週間以内に描きます！と言ってお店を去った。

このとき金額のことは一切話さなかった。お金のことを話して「じゃあやっぱりいいです」なんて断られるのが怖かった。こんなの仕事とは言えないのは重々わかっていたが、そのときのわたしには話せなかった。

数日後、ネコの絵を見て、店長さんはとても喜んでくれた。そして「少しで申し訳ないんだけど、これもらってね」と封筒を差し出した。中には、シワひとつない1000円札が3枚入っていた。これが、わたしの日本で絵を描いて、初めてもらったお金だ。

お金をもらったのだから、とりあえず仕事した、と言っていい……ことにしよう。

（よし…！　とにかくこれで、第一歩を踏み出したぞ！）と心のなかで大きくガッツポーズをした。

それからも、わたしの地道な営業活動は続いた。手書きで何十通も手紙を書いて、壁画を描かせてくれそうな場所に片っ端から送ったり、ケーキ屋さんだろうが、大工さんであろうが、居酒屋の店長さんであろうが、とにかく新しい人に出会えば、「自分はこんなことをやっていて、こんなことをやりたいんです！」と伝えたりしていた。昨日よりも今日、今日よりも明日、自分が絵を描いていることを知る人が、世の中に少しでも増えたらいいと思った。

とはいっても、仕事なんてなかったので、いよいよ財布の中に（やばい……本当にお金がない！）って日に限って、自分が作った絵本が売れたりして、（良かった……これで今日の晩ご飯が買える……）とホッとするなんていうこともよくあった。

絵の仕事を始めた２０１６年から２０１８年の２年間。本当にたくさんの人に出会った。絵を描いていないと出会えなかった人たちばかりだ。いろいろな人に助けられ、個展を開催させてもらったり、絵本を作ったり、壁画を描く場所を与えてもらったりした。現在住んでいるアパートが築60年のボロ屋のおかげで、テレビにも出演できた。旅の中で出会った日本の人たちとも、帰ってきてからこちらで会ったり、個展に来てくれたりした。本当に、みんなに応援してもらっていると実感する。

２０１７年に大阪で開催された、アジアの若手アーティスト２００組が集まるアートフェア「UNKNOWN ASIA ART EXCHANGE OSAKA 2017」では、まさかまさかのグランプリを受賞した。このわたしがだ。まったくこんなのって信じられない。そのおかげでまた、たくさんの素敵な人たちに出会い、仕事ももらえるようになった。嬉しい。もう嬉しすぎる。絵を描き始めてから面白いことばかりだ。

わたしの次の目標は、世界中の子どもがいる場所に壁画を描きに行くことだ。そうすれば旅行もできるし絵も描けるし、もう欲しいものなんてなにもないじゃないか！と気づいた。世界を旅して思ったのは、田舎の病院、学校、孤児院などには、子どもがたくさんいるにも関わらず、あまりアートがなかった。きっとそんなことよりも生きていくことに精一杯なのだと思う。経済的にもアートというものにお金をかける余裕がないのかもしれない。だったら、わたしがそういう場所に絵を描いて、子どもたちを喜ばせられたらいいなと思った。好きなことを仕事にすると、嫌いになってしまうよと、誰かに言われたことがある。でもそんなことはない、わたしはますます絵を描くことが大好きになっている。そして、これからもそうだったらいいなと思う。

上：築60年の自宅で絵を描く
下：帰国して「かおる耳鼻咽喉科」の診察室に描いた絵

おわりに

生きるのが楽しい、と絵の道に進むようになってから思います。絵を描くのが楽しい、そのおかげで人と出会うのが楽しい。わたしの絵を褒めてくれる人がいる。嬉しくて、もっと絵が描きたくなる。絵を始めてから、そんなサイクルの中で生きているように思います。

こんなにたくさんの国があり、暮らしがあり、いろいろなことが起こっている世の中で、今、どこの国の人であれ、このとき出会えている人を大切にしたいと思います。

そうやって人を大事に、絵を描きたいという思いを大事に、生きていきたいです。

自分がやりたいことは、絵を描き、世界中の人と出会うこと。その人たちに喜んでもらうこと。これだけです。これからもその道を突き進んでいきます。

今まで出会った全ての人に、心より感謝申し上げます。

みなさまのことが、大好きです！

２０１８年３月　河野ルル

河野ルル（こうのるる）

１９８７年、名古屋市に生まれる。大学卒業後、会社員勤務を経て、２０１５年に会社を辞め長期放浪旅行をスタート。メキシコで旅費が底をつき、絵の勉強は全くしたことがなかったが、宿のオーナーに壁に絵を描く代わりに泊めてもらう交渉をし、現地にとどまり続ける。そこで初めて壁画を描く楽しさにめざめ、「絵を仕事にしたい」と決意し帰国。

２０１６年から絵描きとして本格的に活動を始める。作風は下書きなしで、透明水彩絵の具の上にアクリル絵の具を重ねた鮮やかで明るい色づかいが特徴。障害児のデイサービス施設や小児科病院に壁画を描いたり、絵本を制作したりするなかで、「世界中の孤児院や、障害児童の施設、学校、病院などにカラフルな絵を描いて、子どもたちが喜んでくれたら最高」との思いを強くする。

２０１６年「幸せ！ボンビーガール」（日本テレビ）出演。２０１７年、マレーシアのクアラルンプール KON-CENTにて個展を開く。同年、アートフェア「UNKNOWN ASIA ART EXCHANGE OSAKA 2017」で日本人初のグランプリを獲得。「第37回大阪国際女子マラソン」の大会メインビジュアルに起用された。

自主制作した絵本に『ちいさないきもの』『うみのいきもの』がある。

http://lulu-image.tumblr.com

画　河野ルル
装丁　三矢千穂
撮影協力　cafe&bar aperio

絵を描くことに恋をして
２０１８年４月23日　初版第１刷　発行
著　者　河野ルル
発行人　江草三四朗
発行所　桜山社
〒４６７-０８０３
名古屋市瑞穂区中山町５-９-３
電話　０５２（８５３）５６７８
ファクシミリ　０５２（８５２）５１０５
http://www.sakurayamasha.com
印刷・製本　モリモト印刷株式会社

ISBN978-4-908957-04-8 C0095

桜山社は、
今を自分らしく全力で生きている人の思いを大切にします。
その人の心根や個性があふれんばかりにたっぷりとつまり、
読者の心にぽっとひとすじの灯りがともるような本。
わくわくして笑顔が自然にこぼれるような本。
宝物のように手元に置いて、繰り返し読みたくなる本。
本を愛する人とともに、一冊の本にぎゅっと愛情をこめて、
ひとりひとりに、ていねいに届けていきます。